Thomas Eugen
Schneider

Ein Arbeitsbuch für Anfänger

Dehnen

Atmen

Schritte

Form - 1. Abschnitt

Innere Übungen

Bewegungsarten

Geschichte

Tipps

Schwaninger
Verlag

Geleitwort

Mit Eugen Schneider hat die Lehre des Yijian Taijiquan nach Meister Song Zhijian für Bad Aibling einen würdigen Vertreter gefunden. Herr Schneider hat sich über viele Jahre vom Anfänger zum Fortgeschrittenen und Lehrer der Yijian-Taijiquan-Gesellschaft Deutschland hochgearbeitet, nach zahlreichen Intensivseminaren und Fortbildungen sehr erfolgreich die Prüfung zum Taiji-Formenlehrer (Lehrberechtigung I, Grad 3) abgelegt und arbeitet gezielt auf weitere Lehrlizenzen hin.

Im Zuge seiner Lehrtätigkeit und auf Wunsch vieler Kursteilnehmer hat Eugen Schneider die vorliegende Handreichung aus den umfangreichen Werken von Meister Song und seinen Erkenntnissen aus den Fortbildungsseminaren zusammengestellt, ein weiteres Indiz für sein tief reichendes Interesse an der Lehre. Ganz zweifellos trägt Herr Schneider damit enorm zur Erhaltung und Verbreitung der Lehre bei und wird entsprechend erfolgreich unterweisen.

Die besten Wünsche dazu und für ein weiteres persönliches Wachstum!

Ass. Prof. Dr. Hermann G. Bohn
Qishan, Südtaiwan, August 2007

Zu diesem Buch

Dieses Buch richtet sich an alle, die sich für Taijiquan interessieren oder schon davon begeistert sind und nach Anregungen, Ideen und einer kleinen Sammlung von Techniken suchen.

Die gezeigten Bereiche und Übungsinhalte erstrecken sich auf Dehnen, Atmen, Schritte, den ersten Abschnitt der Solo-Form, Bewegungsarten, Geschichte, Innere Übungen und Tipps.

Das Buch ist entstanden auf Grundlage der umfangreichen Lehrbücher von Song Zhijian in der deutschen Übersetzung von Dr. Hermann Bohn. Ziel war es, aus verschiedenen Arbeitsblättern eine Kurzanleitung und Gedächtnisstütze zusammenzufassen, dem Anfänger ein kompaktes Konzentrat als Arbeitsbuch an die Hand zu geben.

Für das tiefere Verständnis, für weitere intensive Arbeit im Taijiquan und für ausführliche Erläuterungen wird hier ausdrücklich auf diese Lehrbücher verwiesen, die im Literaturverzeichnis aufgelistet sind.

Ich würde mich freuen, wenn das Arbeitsbuch eine Inspiration für die Auseinandersetzung mit dieser wunderbaren Bewegungs- und Meditationstechnik sein könnte.

Neben viel Spaß und Erfolg
wünsche ich dem Anfänger
Geduld mit sich selbst.

Bad Aibling, Juni 2007
Eugen Schneider

**Die Faszination des Taiji ist für mich,
immer wieder ein Anfänger zu sein.
Kaum hat man eine Tür geöffnet,
tun sich dahinter immer
neue auf.**

**Ein fortwährendes Lernen,
jeder auf seinem eigenen Weg.**

Inhalt

Dehnübungen	9
Atemübungen	27
Körperhaltung, Schritte und Standübungen	39
Soloform - 1. Abschnitt	61
Innere Übungen	97
Grundlegende Handtechniken, Yang-Stil-Regeln, Effekte des Taijiquan	113
Geschichte und Philosophie des Taijiquan	129
Annex	145
Inhaltsverzeichnis	161

Song Zhijian
Dehnübungen
Shujin shi'ershi

1.	Vorwärtsbeugen	11
2.	Zurückbeugen	12
3.	Seitliches Beugen	13
4.	Seitliches Drehen und Zurückbeugen	14
5.	Seitliches Diagonalbeugen mit Absetzen	15
6.	Lockern der Hand- und Sprunggelenke	16
7.	Kreisen des Beckenbereiches	17
8.	Kreisen des Oberkörpers	18
9.	Zehenstoß	19
10.	Fersenstoß	20
11.	Hüftstoß	21
12.	Dehnen der Oberschenkelmuskulatur	22
13.	Kniend nach hinten beugen	23
14.	Seitliches und gerades Dehnen an Sprossenwand	24
15.	Einbeiniges Kniebeugen	23

Dehnübungen

> Die Dehnübungen dienen dazu,
> die Bewegungsfähigkeit
> des Menschen zu verbessern
> und die Gelenke zu stärken und zu lockern.

Die Übungen dienen dazu, unseren Körper aufzuwärmen und einen Einstieg in einen konzentrierten Übungsablauf zu finden. Entscheidend bei allen Übungen bleibt die grundsätzlich isometrische Vorgehensweise, d.h. es gibt weder ein Wippen in Streckungen hinein, noch sind große Änderungen der Muskelzustände Ziel der Übung. Häufig ist ein Halten in Anspannung ohne Positionsveränderung gefordert, ein bloßes Entspannen und Spannen der anzusprechenden Muskelgruppen.

Die Übungen sollten jeweils mindestens dreimal ausgeführt werden. Auch bei einem rein gesundheitlich orientierten Ansatz in der Übung des Taijiquan müssen die Gelenke, Bänder, Sehnen und Skelettmuskeln des gesamten Körpers vollkommen entwickelt werden und eine hohe Elastizität bekommen, um ihren Zweck zu erreichen.

Die Praxis der Dehnübungen dient der Stärkung und Lockerung der Gelenke; die Erfahrung belegt, dass dies eine besonders gute Methode ist, die Gesundheit zu bewahren.

Viele angeborene Bewegungsfähigkeiten, die latent vorhanden sind, verkümmern im Laufe des Alterns mehr und mehr und können so wiederhergestellt werden.

Dehnübungen

1. Vorwärtsbeugen

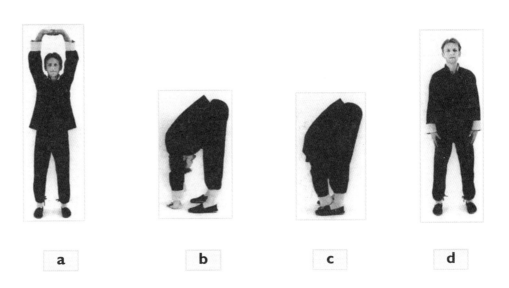

a) Die Füße stehen schulterbreit parallel zueinander, das Gewicht ist mittig auf beide Beine verteilt, die gestreckten Arme werden seitlich bis über den Kopf geführt. Dort werden die Finger verschränkt und die Handinnenflächen nach oben durchgedreht.

b, c) Nun wird der Körper aus der Hüfte nach vorne gebeugt. Die Beine bleiben gestreckt, während Arme und Oberkörper langsam nach unten zum Boden geführt werden.

d) Am Ende wird der Körper wieder aufgerichtet und dabei sinken die Arme seitlich zurück an die Beine.

Dehnübungen

2. Zurückbeugen

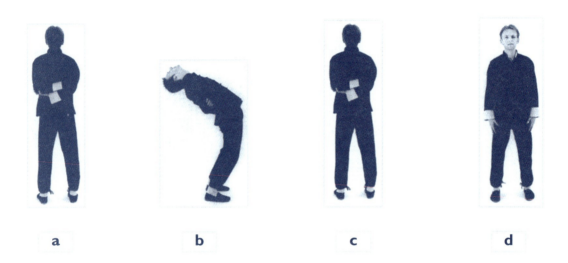

a) Die Arme hinter dem Rücken verschränken.

b) Den Oberkörper nach hinten beugen und mit den Augen den Horizont suchen.

c) Den Oberkörper aufrichten.

d) Die Hände sinken lassen.

*Übung 1 „Vorbeugen" und Übung 2 „Zurückbeugen"
werden als eine Einheit zusammenhängend ausgeführt.*

Dehnübungen

3. Seitliches Beugen

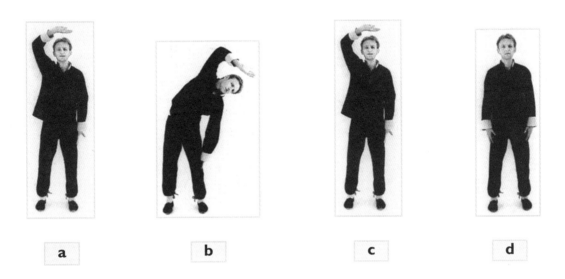

a)   Den rechten Arm seitlich bis über den Kopf führen
(Handinnenfläche zeigt nach oben)
und gleichzeitig die linke Handfläche nach außen drehen.

b)   Die Hüfte in Raumposition* lassen.
Bei unbewegtem Kopf den Oberkörper nach links beugen,
wobei die linke Hand am linken Bein nach unten gleitet.

c)   Langsam aufrichten bei unveränderter Oberkörper- und Handhaltung.

d)   Den Arm in die Ausgangsposition sinken lassen.

Nun die Übung in die andere Richtung ausführen.
* Der betreffende Körperteil, hier die Hüfte, bleibt unverändert im Raum stehen.

4. Seitliches Drehen und Zurückbeugen

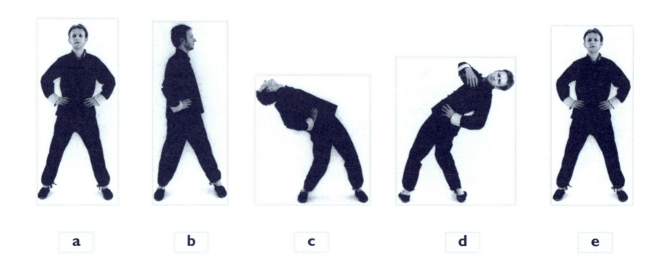

a) Die Beine stehen in eineinhalbfacher Schulterbreite, die Füße sind parallel (Gewicht mittig), die Hände an der Hüfte.

b) Der Oberkörper wird in der Hüfte um 90 Grad nach links gedreht.

c) Der Hals wird entspannt und nach hinten gebeugt (beide Knie bleiben über den Füßen!).

d) Die rechte Hand wird vor die linke Schulter bewegt (ca. 20 - 30 cm Abstand). Versuchen Sie, die rechte Ferse zu sehen.

e) Nun wird der Körper langsam wieder aufgerichtet, zurück in Position a).

Nun die Übung in entgegengesetzter Richtung ausführen.

Dehnübungen

5. Seitliches Diagonalbeugen mit Absetzen

a b c d

a)   Die Beine stehen in doppelter Schulterbreite parallel zueinander. Das Gewicht wird auf das rechte Bein verlagert und der rechte Arm wird auf Schulterhöhe gehoben, wobei die linke Hand unter die rechte Achsel greift.

b)   Die rechte Hand nun zum linken Fußknöchel bringen und das Gesäß möglichst tief absenken.

c)   Die rechte Schulter soll das rechte Knie berühren, die linke Schulter das linke Knie, auf gebeugtes Knie achten (Auswärtsstellung).
Den Kopf möglichst tief absenken.

d)   Nun den Körper wieder langsam aufrichten.

Anschließend die Bewegung in entgegengesetzter Richtung ausführen.

Dehnübungen

6. Lockern der Hand- und Sprunggelenke

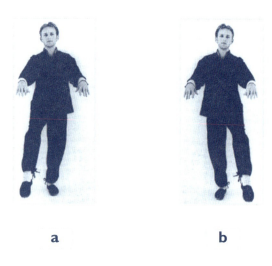

a b

a) Auf einem gebeugten Bein stehen.
Das Sprunggelenk des anderen Beines und
beide Handgelenke in allen Richtungen kräftig ausschütteln.

b) Die Übung auf dem anderen Bein stehend wiederholen.

Dehnübungen

7. Kreisen des Beckenbereiches

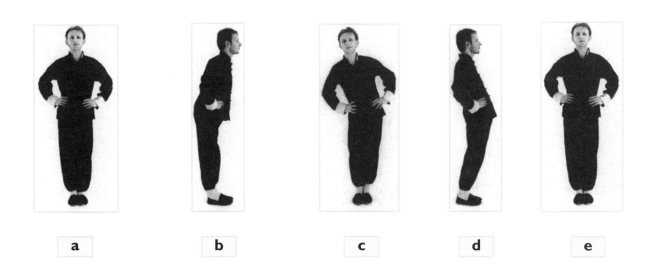

a) Die Füße stehen dicht beieinander.

b, c, d, e) Die Hüfte um die Vertikalachse in beide Richtungen kreisen lassen, dabei bleiben Kopf und Fersen nahezu unbewegt.

Dehnübungen

8. Kreisen des Oberkörpers

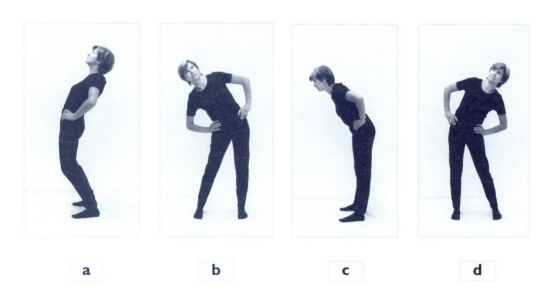

Die Füße stehen schulterbreit parallel zueinander,
die Hände liegen an den Hüften.
Die Beine sollen gestreckt und unbewegt bleiben.

a, b, c, d)   Mit dem Oberkörper einen möglichst großen, aber gleichmäßigen Kreis beschreiben.

Nun die Übung in entgegengesetzter Richtung ausführen.

9. Zehenstoß

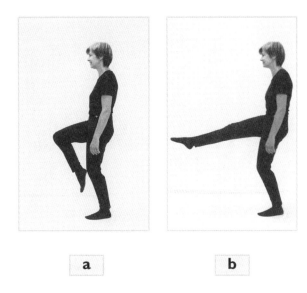

a   b

a)   Auf einem gebeugten Bein stehen und den Oberschenkel des anderen Beines auf die Horizontale anheben.

b)   Dann einen langsamen Fußkick mit den Zehenspitzen ausführen, wobei das Knie unbewegt im Raum bleibt. Der Unterschenkel sollte dabei mit gestreckten Zehen die Horizontale erreichen (Spannung), dann abgesenkt werden (Entspannung).
Die Arme hängen locker seitlich.

Die Übung pro Bein zehnmal durchführen.

Dehnübungen

10. Fersenstoß

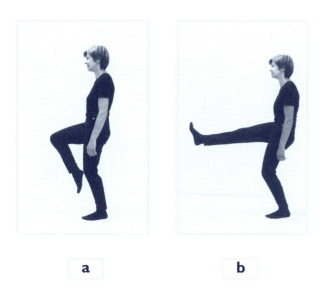

a   b

a) Auf einem gebeugten Bein stehen und den Oberschenkel des anderen Beines auf die Horizontale anheben.

b) Dann einen langsamen Fußkick mit der Ferse ausführen, wobei das Knie unbewegt im Raum bleibt. Der Unterschenkel sollte dabei mit durchgedrückter Ferse die Horizontale erreichen (Spannung), dann abgesenkt werden (Entspannung).
Die Arme hängen locker seitlich.

Die Übung pro Bein zehnmal durchführen.

Dehnübungen

11. Hüftstoß

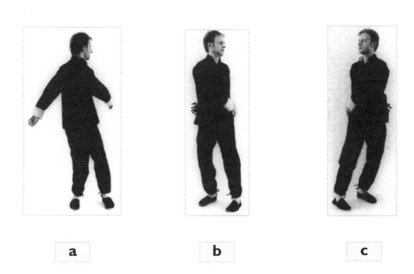

a   b   c

Die Füße stehen schulterbreit und parallel, während die Beine leicht gebeugt werden. Beide Arme baumeln locker an den Seiten.

a) Die Hüfte nun um 90 Grad nach links drehen und gleichzeitig das Gewicht auf das rechte Bein verlagern.

b) Die Arme schwingen locker und entspannt mit, ohne eigene Kraft anzuwenden.

c) Dann wird die Hüfte um 180 Grad nach rechts gedreht und das Gewicht auf das linke Bein verlagern. Unbedingt auf eine gleichbleibende Höhe und eine feste Stellung der Knie über den Zehen achten; die Hände nur locker mitschwingen lassen.

Die Übung mehrfach verbindend wiederholen.
Langsam ausschwingen lassen.

Dehnübungen

12. Dehnen der Oberschenkelmuskulatur

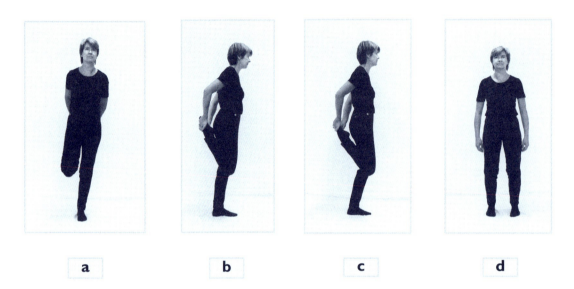

a   b   c   d

Die Füße stehen im engen Pferdeschritt* und parallel, während die Beine leicht gebeugt werden. Beide Arme baumeln locker an den Seiten.

a) Die rechte Hand umfasst den rechten Fuß, der nach hinten abgeknickt wird, am Fußgelenk, später an den Zehen. Das Knie bleibt in der parallelen Beinstellung ausgerichtet.

b) Der Fuß zieht gegen den Widerstand der haltenden Hand nach unten.

c) Widerstandswechsel - die haltende Hand zieht nun gegen den Widerstand des Fußes nach oben. Es können auch beide Hände den Fuß am Fußgelenk halten.

d) Lösen der Handumfassung und bewusstes Aufsetzen des Fußes in die enge Pferdeschrittstellung.

Danach Ausführung in die entgegengesetzte Richtung.
* Grundhaltung parallele Füße, Schulterbreite - lockere, entspannte Fuß- und Kniegelenke

13. Kniend nach hinten beugen

a

Man kniet auf schulterbreit getrennten Unterschenkeln mit ganz gestreckten Fußrücken. Beide Hände sind locker in die Taille gestützt.

a) Nun beugt man sich möglichst langsam nach hinten, bis der Rücken auf dem Boden ruht. Die Hände sinken an die Außenseite der Unterschenkel.

b) Beim Aufrichten hebt man zuerst den Bauchbereich möglichst weit an, ehe man ihn nach vorne schiebt.

c) Nun stützt man sich auf beide Hände, die vor den Knien am Boden aufgesetzt werden, so dass der Körper ganz entlastet wird und entspannen kann. Nun führt man die Stirn bis eng vor die Knie auf den Boden. Dabei bildet man einen starken Rundrücken, Katzenbuckel, der der Hohlkreuzphase beim Aufrichten entgegen wirken soll.

Erst dann kann man (evtl.) weitere Wiederholungen durchführen.
Achtung! Diese Übung sehr vorsichtig und mit Hilfestellung angehen.

Dehnübungen

14. Seitliches und gerades Dehnen an Sprossenwand

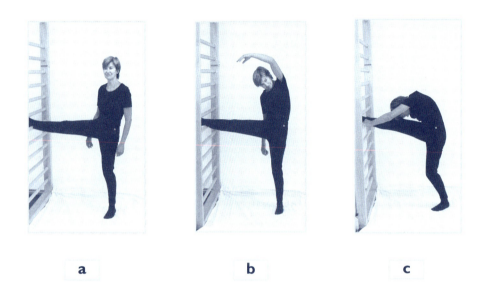

a   b   c

a) Den linken Fuß parallel zur Sprossenwand aufstellen, den rechten Fuß in die Sprossenwand einhängen.

b) Den Körper um 90 Grad drehen und mit gestrecktem Arm und Kopf das eingehängte Bein bzw. das Knie erreichen.

c) Den linken Fuß um 45 Grad beidrehen, der Körper dreht sich zur Wand. Nun wird vesucht, den Fuß und das Knie mit beiden Armen bzw. der Stirn zu erreichen.

Die Übung mit dem anderen Fuß wiederholen.

Dehnübungen

15. Einbeiniges Kniebeugen

a   b   c   d

a) Die Arme in Brusthöhe verschränken, die Hände umfassen die Ellbogen.

b) Ein Bein horizontal auf Höhe des Oberschenkels anheben und einen Zehen- oder Fersenstoß ausführen. Das Bein verbleibt in dieser Position.

c) Mit stabilisiertem Oberkörper, eingezogenem Gesäß und Bauch wird möglichst langsam das Kniegelenk des belasteten Beines immer mehr gebeugt,

d) bis der Körper auf diesem Bein ganz nach unten sinkt und sich das Gesäß nur noch wenig über dem Boden befindet. Die Sohle des belasteten Fußes liegt vollkommen auf. Langsam wieder aufsteigen.

Nun die Übung mit dem anderen Bein durchführen.
Achtung! Diese Übung sehr vorsichtig und mit Hilfestellung angehen.

Huang Xingxian / Song Zhijian
Atemübungen
Qimeng wushi

Fünf zusätzliche Vorbereitungsübungen zum Taijiquan

	Vorbereitung 29
1.	Nierenstabilisierung und Hüftkräftigung 30
2.	Sehnendehnung und Knielockerung 31
3.	Urgeist zur Erhaltung der Gesundheit 32
4.	Gesammeltes Qi auf den Rücken kleben 33
5.	Knochen- und Markfestigung 36
	Rückkehr zur aufrechten Ausgangsposition 38

Atemübungen

> Die Übungen wurden von Meister Huang Xingxian (1910 - 1992), der in Malaysia lehrte, entwickelt. Da dieser und Meister Song gemeinsam lange Jahre bei Meister Zheng Manqing die Faustkampfkunst erlernten, bestanden tiefe freundschaftliche Beziehungen zwischen den beiden, so dass ein reger Austausch über neu entwickelte Lehrmethoden stattfand.

Diese Übungen sind auch als „loosening exercises" (Lockerungsübungen) bekannt. Meister Song übernahm die Reihe und setzte eigene Schwerpunkte. Vor allem durch das harmonisierte Atmen erlangen diese Übungen mit der langsamen und subtileren Ausführung einen besonderen Wert. So sind die Übungen in seiner Schule als Atemübungen bekannt geworden.

Vor dem Ausführen der Taijiquan-Soloform wird dieses Set an die beschriebenen vorbereitenden Übungen angefügt, um Körper und Beine noch besser entspannen zu können. Diese Übungen bieten vor allem ungeübten Personen eine weitere Möglichkeit, ihre anfängliche Steifheit zu überwinden.

Sie verhelfen zu weichen und harmonischen Bewegungen in Armen und Körper. Nach allen Erfahrungen ist die Praxis der Anfangsübungen die Brücke zu wirklichem Können.

Jede Übung drei- sechs- oder neunmal ausführen.

EIN = einatmen / AUS = ausatmen
Bei den mit* gekennzeichneten Bewegungszyklen ist kein bestimmter Atemfluss festgelegt.

Vorbereitung

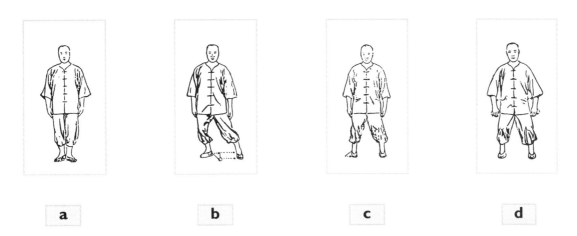

a   b   c   d

Man beginnt die Übungen aus einer Grundstellung mit sich berührenden Fersen, wobei die Füße in einem 60-Grad-Winkel auseinanderstehen.

a) EIN   Nun wird das Schwerkraftzentrum auf das rechte Bein verlagert und beide Beine werden zugleich in den Knien gebeugt. Die linke Ferse dreht um 30 Grad nach außen, wodurch der linke Fuß in eine gerade (nach vorn gerichtete) Stellung kommt. Während des Absenkens des Körperzentrums bleiben die Hände in Raumposition, wodurch beide Ellenbogen leicht gebeugt werden.

b) EIN   Dann versetzt man den linken Fuß nach außen (etwa eineinhalbfache Schulterbreite).

c) AUS   Das Schwerkraftzentrum wird nun auf das linke Bein verlagert und der rechte Fuß über die Ferse um 30 Grad nach rechts gedreht. Beide Füße stehen nun parallel zueinander.

d) AUS   Anschließend wird das Schwerkraftzentrum in die Mitte verlagert und beide Beine werden gleichmäßig belastet.

Atemübungen

1. Übung - Nierenstabilisierung und Hüftkräftigung

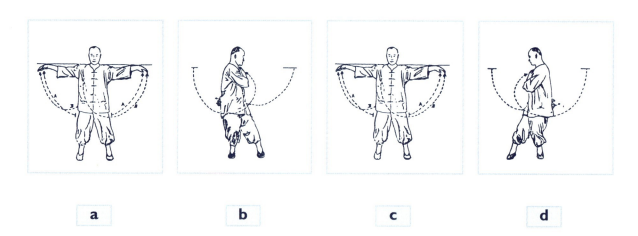

| a | b | c | d |

a) EIN Beide Beine strecken, gleichzeitig beide Arme auf Schulterhöhe seitlich anheben, die Handflächen zeigen nach unten.

b) AUS 90 Grad in der Hüfte nach links drehen, Gewicht auf rechtes Bein verlagern.
Der rechte Arm schwingt zur linken Schulter (vorne),
der linke Arm schwingt zur rechten Schulter (hinten),
das rechte Knie wird über den Zehen stabilisiert.

c) EIN Den Körper wieder aufrichten und gerade nach vorne drehen, wobei die Arme seitlich auf Schulterhöhe ausgestreckt sind.

d) AUS 90 Grad in der Hüfte nach rechts drehen, Gewicht auf linkes Bein verlagern.
Der rechte Arm schwingt zur linken Schulter (hinten),
der linke Arm zur rechten Schulter (vorne),
das linke Knie wird über den Zehen stabilisiert.

Atemübungen

2. Übung - Sehnendehnung und Knielockerung

a   b, c, d   e   f

a)   EIN   Beide Beine strecken, gleichzeitig Arme auf Schulterhöhe seitlich anheben, die Handflächen zeigen nach unten.

b)*   AUS   In drei Stufen jeweils ca. zehn Zentimeter in den Beinen absinken (ohne nachzuwippen), in jeder Stufe die Hände vor der Brust kreuzen bzw. wieder seitlich zur Horizontalen hochführen.

c)*   EIN   In drei Stufen die Beine wieder strecken, in jeder Stufe die Hände vor der Brust kreuzen bzw. seitlich in die Horizontale hochführen.

d)   AUS   Beide Beine stark beugen und gleichzeitig die Hände vor der Brust kreuzen.

Abschluss:

e)   EIN   Hoch, Arme seitlich horizontal hochführen.

f)   AUS   Tief, Arme seitlich der Oberschenkel nach unten sinken lassen.

*als Variante je Bewegungseinheit ein Atemwechsel möglich (Anfänger).

3. Übung - Urgeist zur Erhaltung der Gesundheit

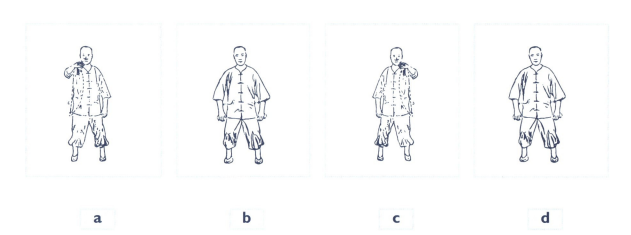

a   b   c   d

a) EIN   Den rechten Arm auf Schulterhöhe vor die Körpermitte heben, gleichzeitig die Hüfte und den Oberkörper etwas nach links drehen.

b) AUS   Die rechte Hand auf der Mittellinie zur Brustmitte zurückführen, Hüfte und Oberkörper wieder gerade ausrichten.

c) EIN   Die rechte Hand neben die rechte Hüfte sinken lassen, den linken Arm auf Schulterhöhe vor der Körpermitte anheben, die Hüfte etwas nach rechts drehen.

d) AUS   Die linke Hand auf der Mittellinie zur Brust zurückführen und langsam neben die Hüfte sinken lassen. Hüfte und Oberkörper wieder gerade ausrichten.

4. Übung - Gesammeltes Qi auf den Rücken kleben

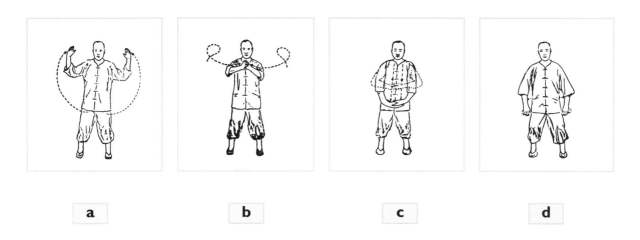

a) EIN   Beide leicht gebeugten Arme mit den Händen in einem Bogen nach vorne oben führen, bis die Hände seitlich neben dem Kopf ankommen, die Handinnenflächen zeigen leicht nach außen.

b) AUS   Die Ellenbogen absenken und beide Hände zusammenführen, bis sich die Daumen berühren und die rechte Hand die linke umfasst. Die Hände bleiben dabei auf Kopfhöhe vor dem Körper.

c) EIN   Diese sehr lockere „Faust" in einem Halbkreis an das mittlere Dantian führen. Dabei liegt die linke Faust in der rechten Hand und beide weisen nach oben.

d) AUS   Beide Hände zurück an die Seiten sinken lassen, die Handflächen öffnen.

Alles dreimal wiederholen, dann folgt die Zwischensequenz.

Atemübungen

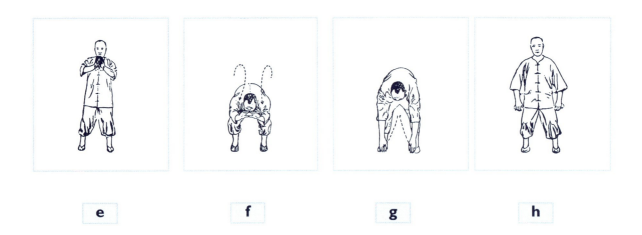

Zwischensequenz

a) EIN   Beide leicht gebeugten Arme mit den Händen in einem Bogen nach vorne oben führen, bis die Hände seitlich neben dem Kopf ankommen, die Handinnenflächen zeigen leicht nach außen.

b) AUS   Die Ellenbogen absenken und beide Hände zusammenführen, bis sich die Daumen berühren und die rechte Hand die linke umfasst. Die Hände bleiben dabei auf Kopfhöhe vor dem Körper.

e) EIN   Beide Handflächen nach außen drehen.
Die Daumen weisen nach unten, die Zeige- und Mittelfinger weisen nach oben und berühren einander, die Augen blicken durch die so entstandene Raute.

f)	AUS	In den Knien absinken, bis die Oberschenkel horizontal sind, und den Oberkörper absenken, bis die Knie von den Ellenbogen berührt werden.
g)	EIN/AUS	Beide Beine durchstrecken und den Oberkörper in der Horizontalen halten. Beide Arme locker vor- und zurückschwingen lassen; Bewegung fortführen.
g)	EIN/AUS	In gleicher Position die Arme seitlich pendeln lassen; Bewegung fortführen.
g)	EIN/AUS	In gleicher Position jeweils eine Schulter anheben und fallen lassen.
	EIN	Mit den Händen wieder die Raute bilden, Daumen-, Mittel- und Zeigefinger berühren sich.
e)	AUS	Das Gesäß absenken, bis die Oberschenkel wieder horizontal sind und die Ellenbogen die Knie berühren, die Augen blicken dabei durch die Raute.
	EIN	Die Unterarme locker nach vorne fallen lassen.
h)	AUS	Den Oberkörper wieder senkrecht aufrichten. Dabei bleiben beide Beine gebeugt. Die Arme hängen locker an den Seiten.

Den gesamten Durchgang (Qi auf Rücken kleben + Zwischensequenz) dreimal wiederholen.

Atemübungen

5. Übung - Knochen- und Markfestigung

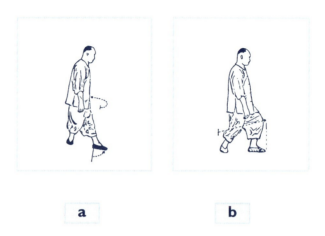

a　　　　　　　　b

a)　　EIN　　　Das Gewicht auf das rechte Bein verlagern, gleichzeitig den Oberkörper und den linken Fuß mit der Ferse als Drehpunkt um 90 Grad nach links drehen.

b)　　AUS　　　Das linke Bein beugen und das Gewicht darauf verlagern. Das linke Knie bewegt sich über die Zehen des linken Fußes nach vorne. Der rechte Fuß dreht über die Ferse um 45 Grad nach links. Während der gesamten Aktion bleibt der Oberkörper aufrecht und der Körper immer auf gleicher Höhe.

　　　　EIN　　　Das rechte Bein leicht beugen, dann den Körperschwerpunkt auf das linke Bein verlagern.

*Den Teil b der Übung auf beiden Seiten mehrmals wiederholen
mit jeweils entgegengesetzter Atmung.*

Atemübungen

| c | d | e |

Den Körper wenden und in die Grundstellung a) bringen

c) EIN Den unbelasteten Fuß auf der Ferse absetzen (etwa in Schulterbreite).

d) AUS Den unbelasteten Fuß in Richtung Körper anziehen, wobei erst die Fußsohle,

e) AUS dann die Fußspitze den Boden berühren.

Der Oberkörper bleibt unbewegt.

Den Teil c, d, e auf beiden Seiten mehrmals wiederholen mit jeweils entgegengesetzter Atmung.

Atemübungen

Rückkehr zur aufrechten Ausgangsposition

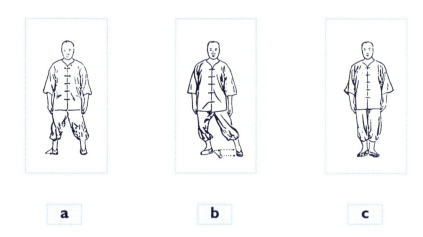

a)   *   Den rechten Fuß flach legen und über die Ferse um 45 Grad nach links drehen.

b)   *   Das Gewicht auf das rechte Bein verlagern.

c)   *   Die linke Ferse um 45 Grad nach innen drehen.
         Die linke Ferse (Fuß) nach rechts zur rechten Ferse anziehen,
     *   dann beide Beine durchstrecken.
     *   Die Zehen stehen 60-90 Grad auseinander.

     Die Ausgangsposition ist wieder erreicht.

Körperhaltung, Schritte und Standübungen
Wuxing bufa

Körperhaltung 41

Zentralposition
    Beidbeinige Standübungen 42
    Einbeinige Standübungen 43

Schritte Anfänger
    Vordringen 44
    Zurückschreiten 46
    Wendetechnik 180 Grad 48

Schritte Fortgeschrittene
    Vordringen 50
    Zurückschreiten 52
    Nach-links-Wenden 54
    Nach-rechts-Drehen 56
    Wendeschritt 180 Grad 58

Schritte

> „Ein großer Vorteil des Taijiquan liegt darin, dass man sich wie treibende Wolken oder fließendes Wasser bewegen kann.
> In Ruhe sollte man aufrecht sein wie ein Berg.
>
> Das Gleiche wird von der Schritttechnik gefordert,
> sie soll stabil sein wie ein Berg."

Standübungen - Zhanzhuang

Zur Ausführung von Standpositionen gibt es mehrere Übungen mit ein- und beidbeinigem Stand. Die Grundhaltung sollte dabei möglichst beachtet werden. Anfänger verharren etwa eine bis drei Minuten in einer Position, Fortgeschrittene können die Dauer auf bis zu 60 Minuten ausdehnen.

Schrittarten - Bufa

Den Schrittarten und Körperdrehungen im Taijiquan liegt eine feste Methode zugrunde, die sich in vielem erheblich von anderen Faustkampfschulen unterscheidet. Die Schrittarten umfassen: Vordringen, Zurückschreiten, Nach-rechts-Drehen, Nach-links-Wenden und die Zentralposition. In diesen fünf Schrittarten sind die Dreh- und Wendetechniken von Hüften und Beinen enthalten. Diese grundlegenden Bewegungsweisen sollen zunächst eingeübt werden, ehe man dann die Handtechniken begreifen lernt.

Regeln

- Vordringen und Zurückschreiten folgen aufeinander.
- Jeder Veränderung der Rumpfhaltung folgt ein Schrittwechsel.
- Die Wechsel von Leere und Gewichtung bedürfen der geistigen Aufmerksamkeit.

Jedem Vordringen geht also ein Zurückschreiten, jedem Zurückschreiten ein Vordringen voraus. Wenn das Schwerkraftzentrum des Körpers verlagert wird, folgt eine passende Schrittveränderung, während gleichzeitig die Vorstellungskraft die Wechsel von Leere und Gewichtung wahrnimmt und kontrolliert.

Körperhaltung

1. Füße — Die Füße halten bewussten Kontakt zum Boden; sie sollen flach am Boden haften.

2. Knöchel — sind locker entspannt.
   Knie — sind leicht gebeugt.

3. Becken — Das Gesäß wird ohne Verkrampfung leicht eingezogen, dadurch nimmt das Steißbein seine korrekte vertikale Haltung ein.

4. Hüfte — Die Hüften sind der Führer des Körpers; sie müssen locker sein von der Taille bis zu den Leisten (Yaokua).

5. Brust — ist locker entspannt, leicht eingewölbt.

6. Rücken — Der Rücken wird gerade gehalten; es sollte eine gerade Linie von der Ferse über das Steißbein bis zum Hinterkopf entstehen.

7. Schulter — Die Schultern sind entspannt (kein Rundrücken!).
   Arme — Die Arme hängen locker seitlich.

8. Gesicht — ist entspannt (das innere Lächeln).
   Augen — sehen in die Höhe des Horizontes. Der Blick ist nicht fixiert.
   Ohren — Die Umgebung wird gleichsam passiv wahrgenommen.
   Mund — ist leicht geschlossen, die Zahnreihen liegen aufeinander. Die Zunge liegt am inneren oberen Zahndamm.

9. Kopf — Der Kopf wird aufrecht gehalten. Man stellt sich vor, er wird von einem Seidenfaden am Baihui (Fontanelle-Scheitelpunkt) gehalten.

Schritte

Zentralposition

Zur Ausführung der Zentralposition gibt es mehrere Übungen mit einbeinigem und zweibeinigem Stand. Die Grundhaltung (siehe Seite 41) sollte dabei möglichst beachtet werden.

Beidbeinige Standübungen

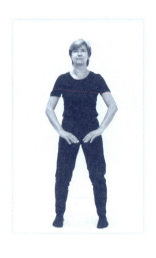

1

2

3

1. **Fingerspitzen beider Hände zueinander**
   vor unterem Dantian, die Handinnenflächen können auch zum Unterbauch gerichtet sein.

2. **Baumumfassen**
   Fingerspitzen beider Hände zueinander,
   vor unterem Dantian, in Nabel- oder Schulterhöhe
   Handinnenflächen zum Körper

3. **Säulenstehen mit Schwertfingern beider Hände über Kopf**

Einbeinige Standübungen

4

5

6

4. **Zentral** mit Taiji-Haltung

5. **Bogenschritt** (Gewichtung auf vorderem Bein)

6. **Gesetzter Schritt** (Gewichtung auf hinterem Bein)

Neben diesen Übungen können einzelne Positionen der Soloform geübt werden: Stellung des Winterhahns, Kranich etc.

Schritte

Grundstellung: rechter Bogenschritt

1. Den Oberkörper auf gleichbleibendem Höhenniveau nach hinten verlagern.

2. Den rechten Fuß über die Ferse zusammen mit dem Körper um ca. 60 Grad nach rechts außen drehen.

3. Gewichtsverlagerung nach vorne (auf das rechte Bein).

4. Das linke Bein anheben und auf der schulterbreiten Parallelen einen Schritt weit gerade nach vorne setzen (unbelastet).

5. Das Gewicht auf das linke Bein verlagern.

6. Hüften und Becken gerade nach vorne ausrichten, der rechte Fuß dreht ca. 15 - 20 Grad bei.

Aus dem linken Bogenschritt heraus wird die Übung seitenverkehrt ausgeführt.

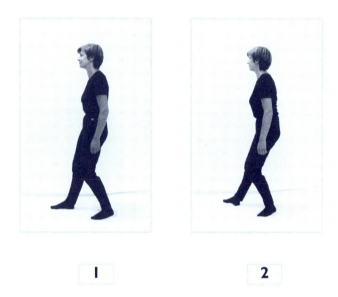

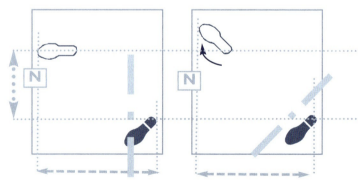

Vordringen (Anfänger)

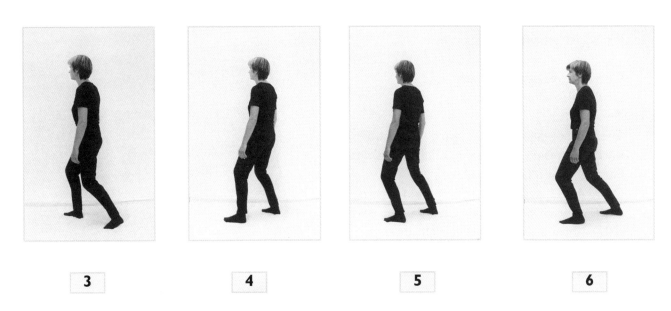

| 3 | 4 | 5 | 6 |

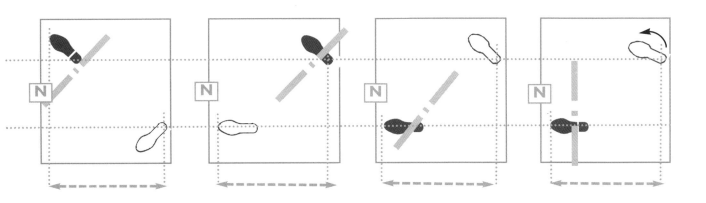

Schritte

Ausgangposition:
rechter Bogenschritt, Füße parallel

1. Gewichtsverlagerung nach links, Gesäß einziehen.

2. Das leere rechte Bein wird angehoben und auf der rechten schulterbreiten Parallele nach hinten gestreckt.
Der Fuß setzt komplett auf weist dabei schräg nach außen. Der Rumpf darf sich während dieser Aktion nicht bewegen.

3. Das Schwerkraftzentrum auf das rechte hintere Bein verlagern.

4. Das unbelastete linke Bein auf einer Parallelen nach hinten setzen.

5. Das Schwerkraftzentrum auf das linke hintere Bein verlagern.

6. Den nun entlasteten rechten Fuß über die Ferse parallel ausrichten.

So erreichen wir den linken Bogenschritt und können die Übung mit den gleichen Bewegungen - nur seitenverkehrt - ausführen.

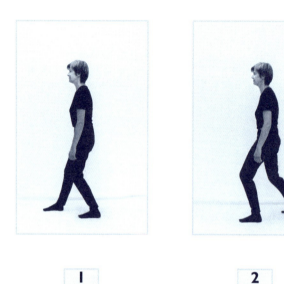

1   2

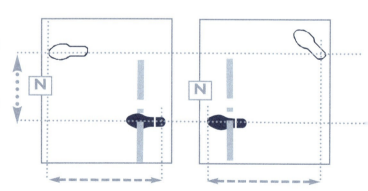

Zurückschreiten (Anfänger)

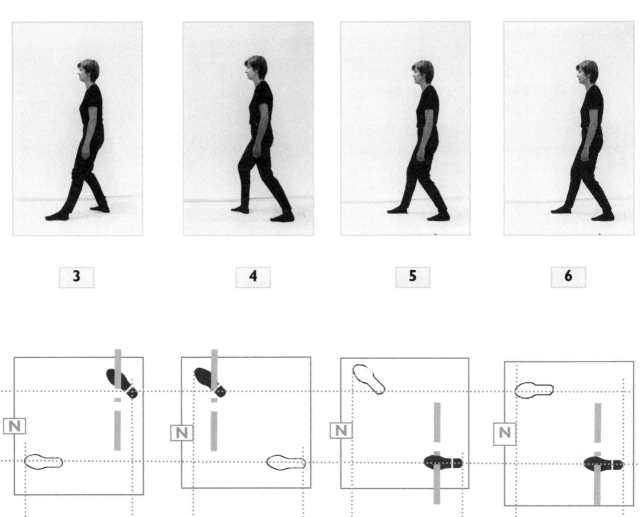

Schritte

Grundstellung:
links gesetzter Schritt

1. Die rechte Fußspitze über die Ferse um 90 Grad nach links innen drehen.

2. Das Gewicht auf das rechte Bein verlagern und gleichzeitig die Hüfte und das Becken um 90 Grad nach links drehen. Den rechten Fuß um weitere 30 Grad nach links drehen (möglichst in der ersten Phase der Gewichtsverlagerung). Den Rumpf um weitere 70 Grad nach links drehen. Die linke Fußspitze anheben und im gleichen Maß mitbewegen.

3. Den linken Fuß anheben und auf der schulterbreiten Parallelen absetzen.

4. Das Gewicht nach links verlagern und den rechten Fuß beidrehen.

Aus dem links gesetzten Schritt ist nun ein rechts gesetzter Schritt geworden.

Beginnt man aus dem rechts gesetzten Schritt, sind die gleichen Bewegungen - nur seitenverkehrt - auszuführen.

Wendetechnik um 180 Grad (Anfänger)

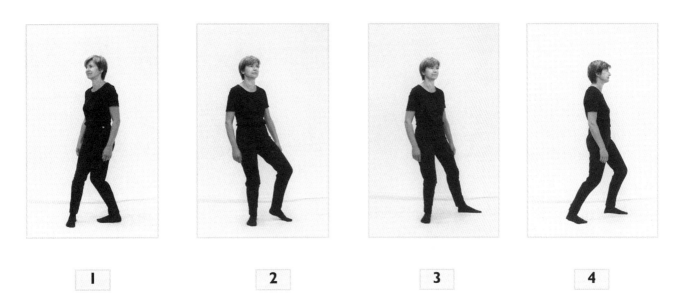

1 2 3 4

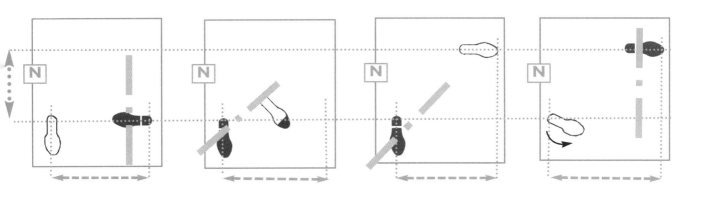

Schritte

Ausgangsposition:
schulterbreiter Stand, links gewichtet

1. Anheben des rechten Fußes, Aufsetzen auf den rechten Zehen mit einem Schritt Abstand auf die schulterbreite Parallele (Becken ist eingezogen).

2. Absenken des Beins, so dass der rechte Fuß komplett am Boden aufliegt (unbelastet).

3. Beide Beine im Knie stärker beugen, das Becken nach vorne kippen.

4. Gewichtsverlagerung nach rechts. Der Körper bewegt sich auf gleicher Höhe.

Die Übung wird nun mit den gleichen Bewegungen - nur seitenverkehrt - fortgesetzt.

Schritte

Vordringen (Fortgeschrittene)

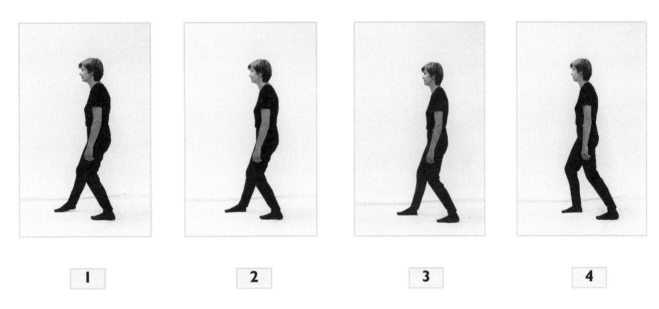

| 1 | 2 | 3 | 4 |

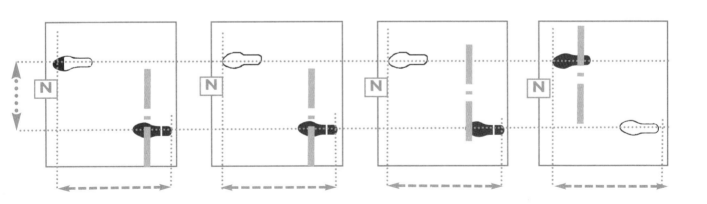

Schritte

Ausgangposition:
linker Bogenschritt, Füße parallel

1. Gewichtsverlagerung nach rechts mittig (ca. 50 / 50 %), Gesäß einziehen.

2. Fortsetzung der Gewichtsverlagerung nach rechts, bis das Schwerkraftzentrum zu 100 % auf dem rechten Fuß liegt.

3. Das leere linke Bein anheben und auf der linken schulterbreiten Parallelen nach hinten strecken.
   Der Fuß setzt komplett auf, der Rumpf darf sich während dieser Aktion nicht bewegen.

4. Das linke Bein leicht beugen, das Becken kippen. Das Schwerkraftzentrum auf das linke hintere Bein verlagern.

So erreichen wir den links gesetzten Schritt und können die Übung mit den gleichen Bewegungen - nur seitenverkehrt - ausführen.

Zurückschreiten (Fortgeschrittene)

1 2 3 4

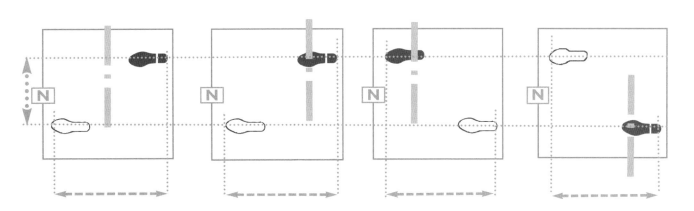

Schritte

Ausgangsposition: rechter Bogenschritt

1. Die linke Ferse leicht anheben, das linke Knie ist leicht gebeugt, das Gesäß eingezogen.

2. Der Rumpf mit Hüft- und Beckenbereich dreht um 90 Grad nach links (das rechte Knie über den Zehen stabilisieren).
Gleichzeitig dreht die linke Ferse mit dem Körper nach rechts, ebenfalls um 90 Grad.

3. Nun wird das linke Bein um 135 Grad und in Schulterbreite nach links versetzt, wobei zunächst die Ferse aufsetzt. Der Oberkörper dreht in seiner Grundhaltung möglichst weit nach.

4. Der Rumpf wird nun um 45 Grad zurück nach rechts gedreht und die linke Fußspitze wird gerade aufgesetzt. Der Winkel zwischen den Füßen beträgt nun 90 Grad, der Körper ist diagonal ausgerichtet.

5. Gewichtsverlagerung auf das linke Bein (Knie über den Zehen stabilisieren).

6. Beidrehen des rechten Fußes, der Hüft- und Beckendrehung entsprechend.

Im Idealfall sind die Füße parallel ausgerichtet und entsprechen einem linken Bogenschritt, der Ausgangsposition für weitere Schritte.

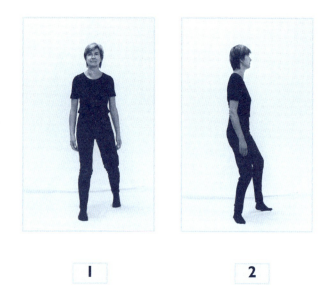

1   2

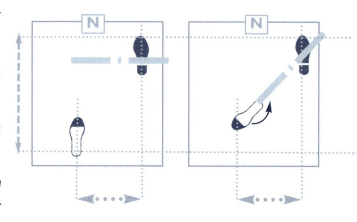

Nach-links-Wenden (Fortgeschrittene)

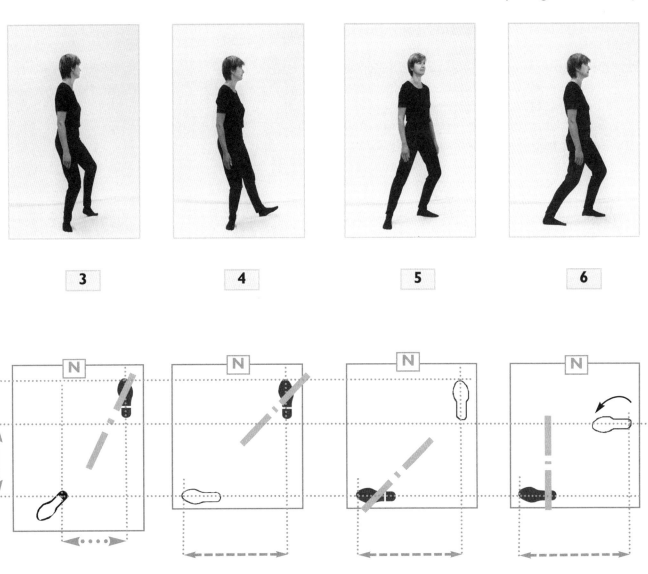

Schritte

Ausgangsposition: linker Bogenschritt

1. Die rechte Ferse leicht anheben, das rechte Knie ist leicht gebeugt, das Gesäß eingezogen.

2. Der Rumpf mit Hüft- und Beckenbereich dreht um 90 Grad nach rechts (das linke Knie über den Zehen stabilisieren).
Gleichzeitig dreht die rechte Ferse mit dem Körper nach links, ebenfalls um 90 Grad.

3. Nun wird das rechte Bein um 135 Grad und in Schulterbreite nach rechts versetzt, wobei zunächst die Ferse aufsetzt. Der Oberkörper dreht in seiner Grundhaltung möglichst weit nach.

4. Der Rumpf wird nun um 45 Grad zurück nach links gedreht und die rechte Fußspitze wird gerade aufgesetzt. Der Winkel zwischen den Füßen beträgt nun 90 Grad, der Körper ist diagonal ausgerichtet.

5. Gewichtsverlagerung auf das rechte Bein (Knie über den Zehen stabilisieren).

6. Beidrehen des linken Fußes der Hüft- und Beckendrehung entsprechend

   Im Idealfall sind die Füße parallel ausgerichtet und entsprechen einem rechten Bogenschritt, der Ausgangsposition für weitere Schritte.

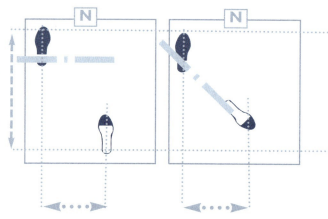

Nach-rechts-Drehen (Fortgeschrittene)

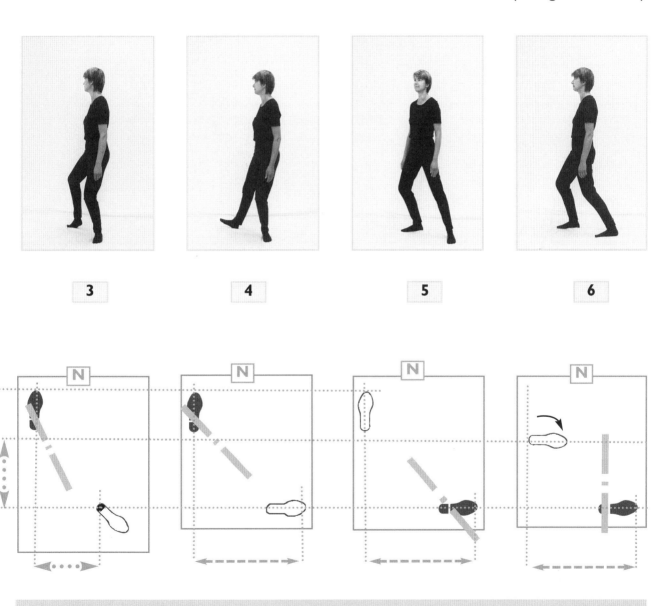

Schritte

Grundstellung: rechts gesetzten Schritt

1. Gewichtsverlagerung nach hinten auf das linke Bein. Rechte Fußspitze über die Ferse um 90 Grad nach links innen drehen. Gleichzeitige die Hüfte und das Becken um 45 Grad drehen.

2. Gewichtsverlagerung auf das rechte Bein.

3. Hüfte und Becken um 90 Grad drehen. Die linke Ferse anheben, den Fuß im gleichen Maß über die fixierte Zehenspitze mitbewegen.

4. Den linken Fuß anheben und auf der schulterbreiten Parallelen aufsetzen.

5. Gewichtsverlagerung nach links.

6. Hüften und Becken gerade nach vorne ausrichten. Beidrehen des rechten Fußes auf die Schulterparallele.

Aus dem rechts gesetzten Schritt ist nun ein links gesetzter Schritt geworden.
Beginnt man aus dem links gesetzten Schritt, sind die gleichen Bewegungen - nur seitenverkehrt - auszuführen.

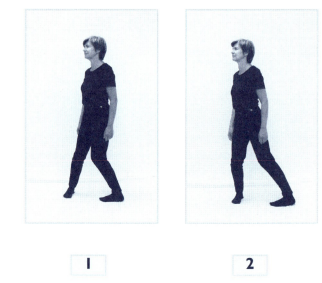

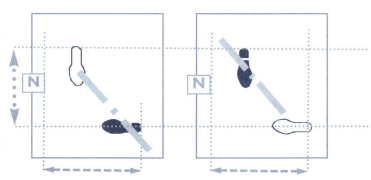

Wendeschritt 180 Grad (Fortgeschrittene)

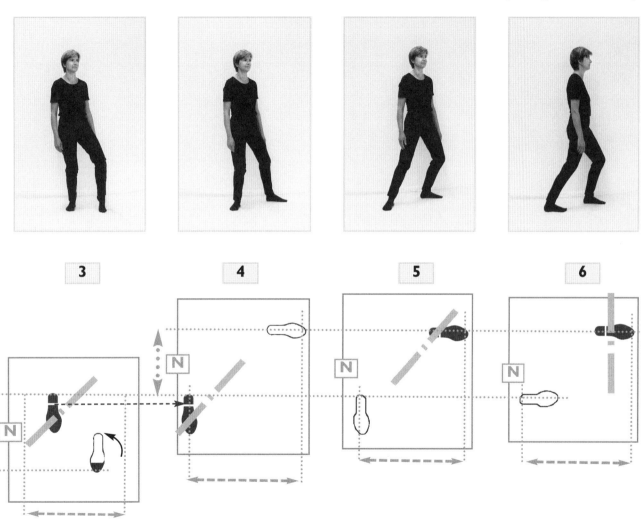

Song Zhijian, Yijian Taijiquan Soloform - 1. Abschnitt
Quanjia
Die Formenlehre - Die 64 Figuren des Yang-Stils
Aus dem Chinesischen übersetzt und herausgegeben von Hermann G. Bohn

Erster Abschnitt mit dreizehn Figuren

1.	Vorbereitung	Yubei shi	65
2.	Eröffnung des Taijiquan	Taiji qishi	66
3.	Vogel beim Schwanz fassen	Lan quewei (1)	
	a) Abwehr links	Zuo peng	68
	b) Abwehr rechts	You peng	70
	c) Zurückgleiten links	Zuo lü	72
	d) Pressen rechts	You ji	73
	e) Beidarmiges Stoßen	Shuang an	74
4.	Einarmige Peitsche	Danbian (1)	76
5.	Hände heben	Ti shou (1)	78
6.	Rechter Schulterstoß	You kao (1)	80
7.	Weißer Kranich spreizt Flügel	Bai he liang chi (1)	81
8.	Knie streifen und im Schritt drehen, links	Lou xi ao bu, zuo shi (1)	82
9.	Hände spielen Pipa	Shou hui pipa	84
10.	Knie streifen und im Schritt drehen, links	Lou xi ao bu, zuo shi (2)	86
11.	Vordringen, abwehren und mit Faust stoßen	Ban lan chui (1)	88
12.	Sich wie ein Siegel abschließen	Ru feng si bi (1)	90
13.	Hände kreuzen	Shizi shou (1)	92
64.	Abschluss des Taijiquan	Taiji shoushi	94

Form - 1. Abschnitt

> „Ununterbrochen wie ein langer Fluss und das große Meer;
> leicht, behende und verbunden;
> kein Punkt des Zuviel oder Zuwenig;
> kein Hervorstehen oder Absacken,
> kein Punkt der Unterbrechung."
>
> *aus „Klassiker des Taijiquan"*

Die Yijian-Taijiquan-Form nach Song Zhijian besteht aus 6 Abschnitten mit insgesamt 64 Figuren und 365 Einzelbewegungen. In diesem Band lernen wir den ersten Abschnitt mit der Abschluss-Sequenz kennen.

Die Soloform ist nur mit Bildmaterial und Fußdiagrammen dargestellt und dient als Gedächtnisstütze für die mündliche Unterweisung in den Kursen. Eine ausführliche Beschreibung der Bewegungsabläufe ist dem Lehrbuch von Meister Song zu entnehmen.

Des Weiteren können dort die Definitionen, Anwendungen und die Interpretation nach dem Yijing nachgelesen werden
(Band 2, *Formenlehre*, Seite 123 - 436).

Die Bilder sind aus alten, eng zusammengestellten Fotoserien entnommen und zeigen den jungen Meister Song. Das Bildmaterial weicht in manchen Stellungen von der heute ausgeführten Form etwas ab, da die Soloform bis ins hohe Alter von Meister Song eine lebendige Entwicklung erfuhr. Auf die Abweichungen wird in der mündlichen Unterweisung eingegangen. Die Bilder geben den Endpunkt der jeweiligen Zähleinheit an.

Die Ziffern in den Kästchen bezeichnen die Zähleinheit der einzelnen Position.

Die Schrittdiagramme wurden neu zusammengestellt. Eine ausführliche Erläuterung der Symbole ist im Anhang zu finden.

Die Schrittlänge - definiert mit einem Abstand von einem Fuß ohne Zehen - kann im Anfangsstadium verkürzt werden. Es muss in der Regel erst ein weites Öffnen des Schrittes antrainiert werden. So ist zunächst mehr Augenmerk auf korrekte Schrittbreite und Gewichtung zu legen, um eine Stabilität in der Ausführung zu erreichen.

Darunter befindet sich ein leeres Feld für die nachträgliche Eintragung der Atmung nach mündlicher Unterweisung im fortgeschrittenen Stadium. Eine Zusammenfassung der Atmung mit Erläuterungen zum ersten Abschnitt befindet sich im Anhang. Die Ausführung der Soloform erfolgt in der Regel im natürlichen Atemrhythmus - frei und ungelenkt.

Die angegebene Atmung ist nicht vorgeschrieben. Sie ist einer der Wege, die Form zu verinnerlichen.

Form - 1. Abschnitt

Grundstellung - Wuji-Haltung

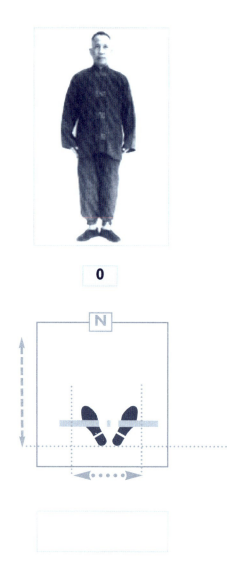

0

Form - 1. Abschnitt

1. Vorbereitung - Yubei shi

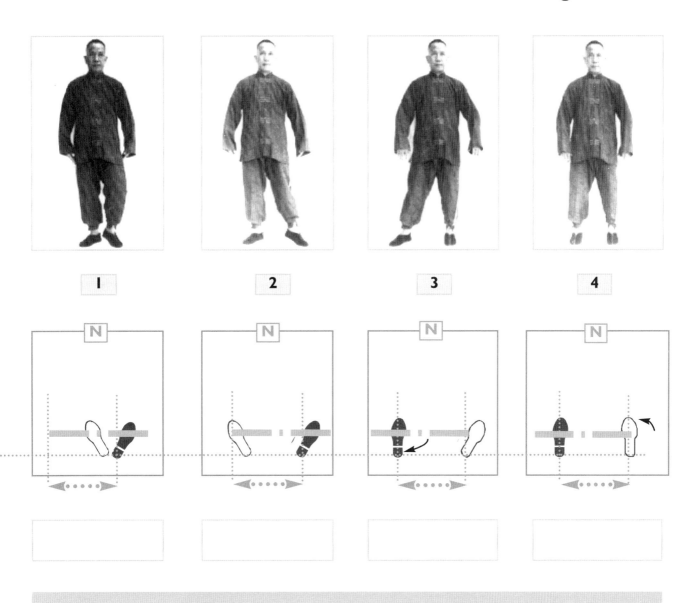

Form - 1. Abschnitt

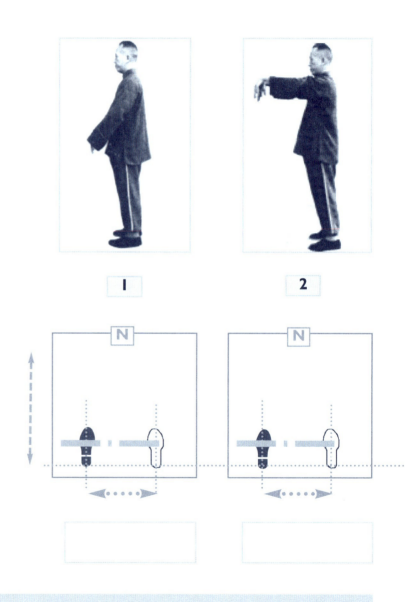

Form - 1. Abschnitt

2. Eröffnung des Taijiquan - Taiji qishi

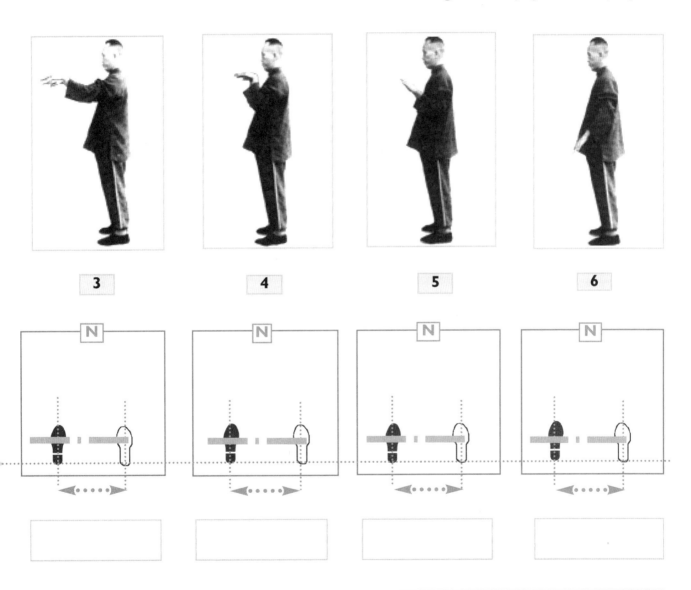

Form - 1. Abschnitt

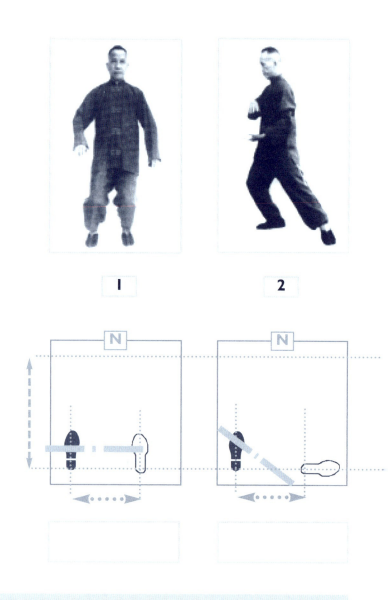

| 1 | 2 |

3. Vogel beim Schwanz fassen - Lan quewei (1)
a) Abwehr links - Zuo peng

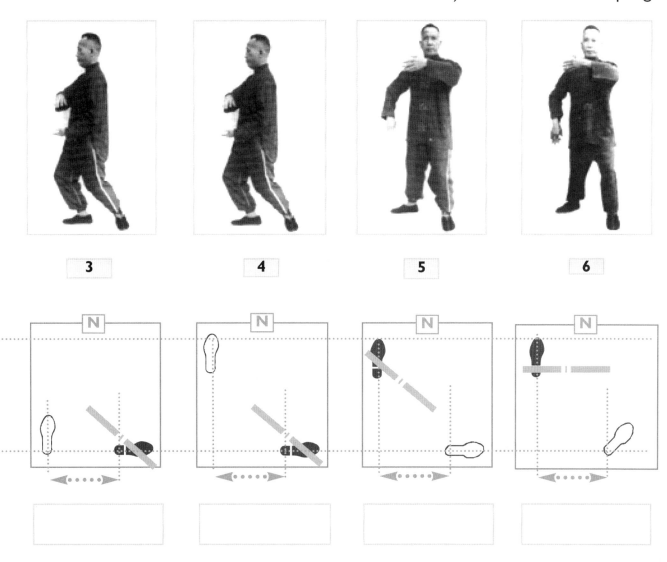

Form - 1. Abschnitt

1

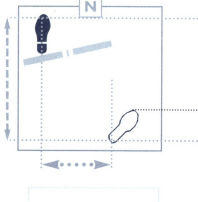

Form - 1. Abschnitt

b) Abwehr rechts - You peng

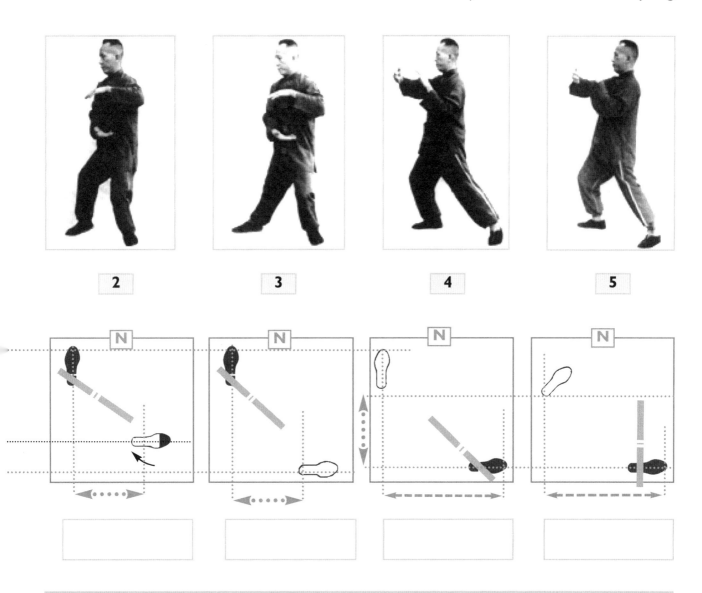

Form - 1. Abschnitt

c) Zurückgleiten links - Zuo lü

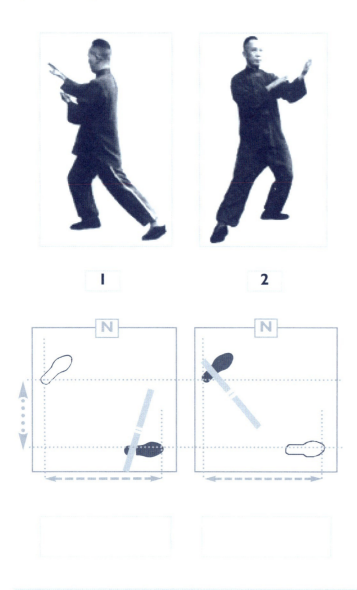

d) Pressen rechts - You ji

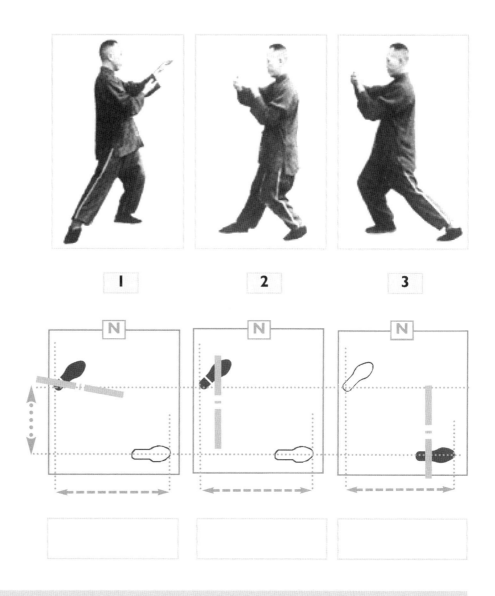

Form - 1. Abschnitt

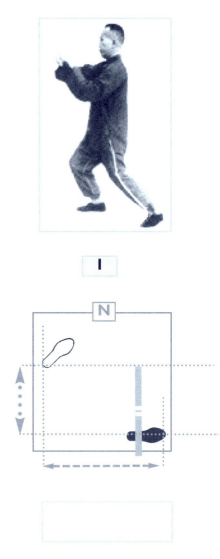

e) Beidarmiges Stoßen - Shuang an

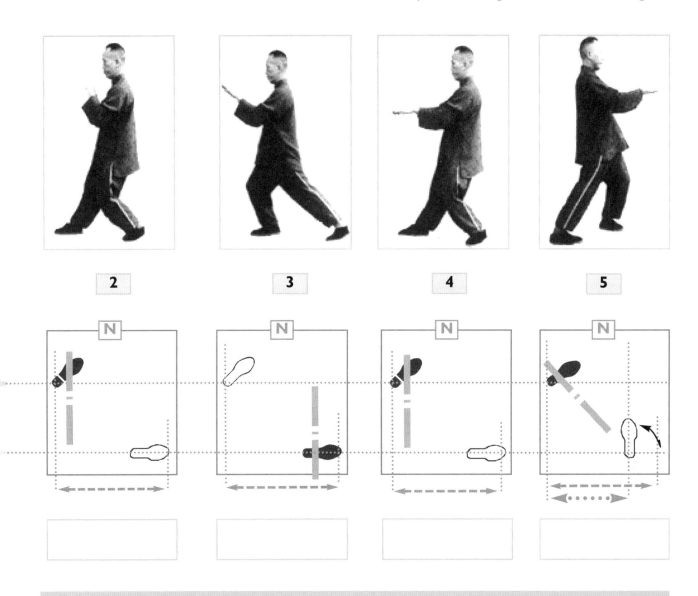

Form - 1. Abschnitt

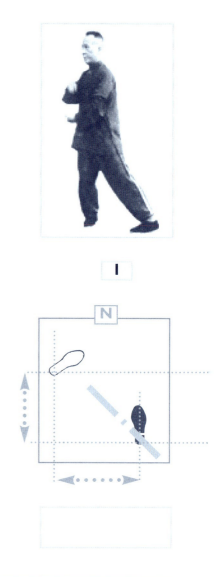

1

4. Einarmige Peitsche - Danbian (1)

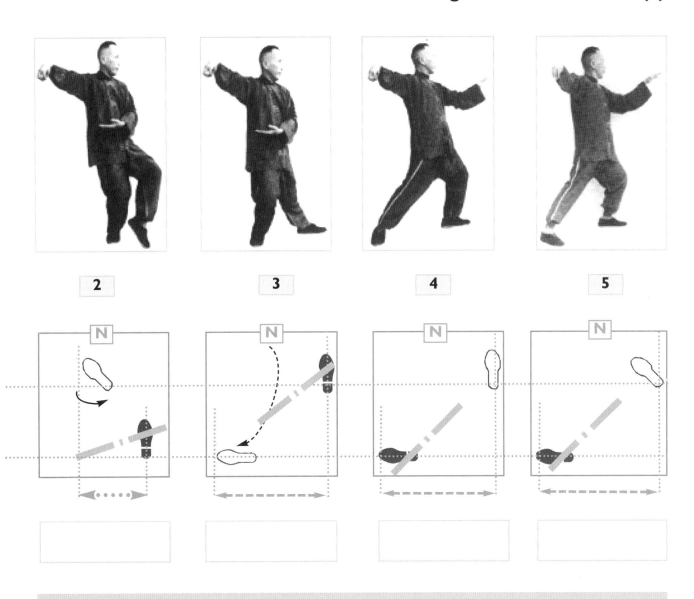

Form - 1. Abschnitt

5. Hände heben - Ti shou (1)

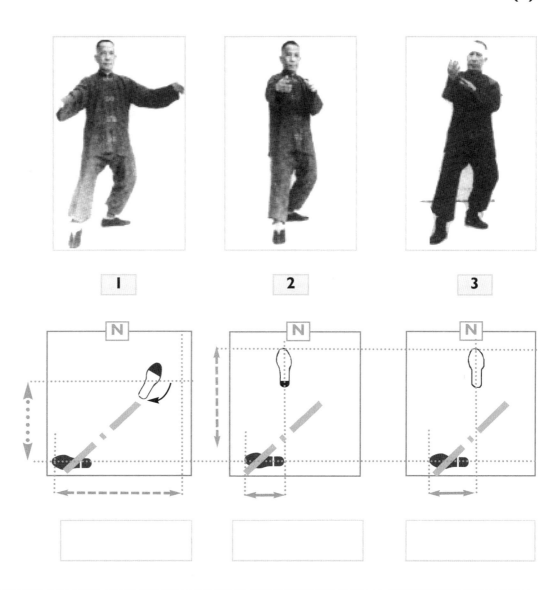

6. Rechter Schulterstoß - You Kao (1)

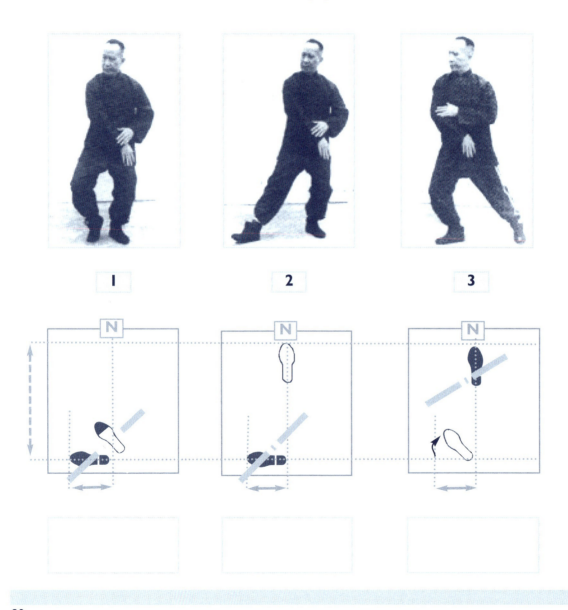

7. Weißer Kranich spreitzt Flügel - Baihe liang chi (1)

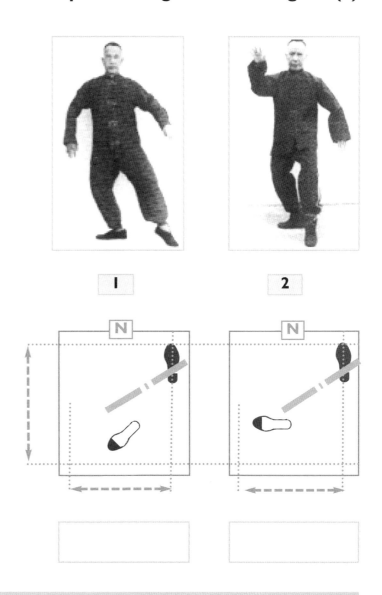

Form - 1. Abschnitt

I

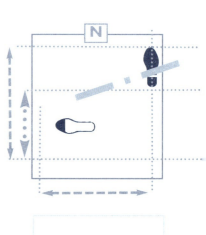

Form - 1. Abschnitt

8. Knie streifen und im Schritt drehen, links - Lou xi aobu, zuoshi (1)

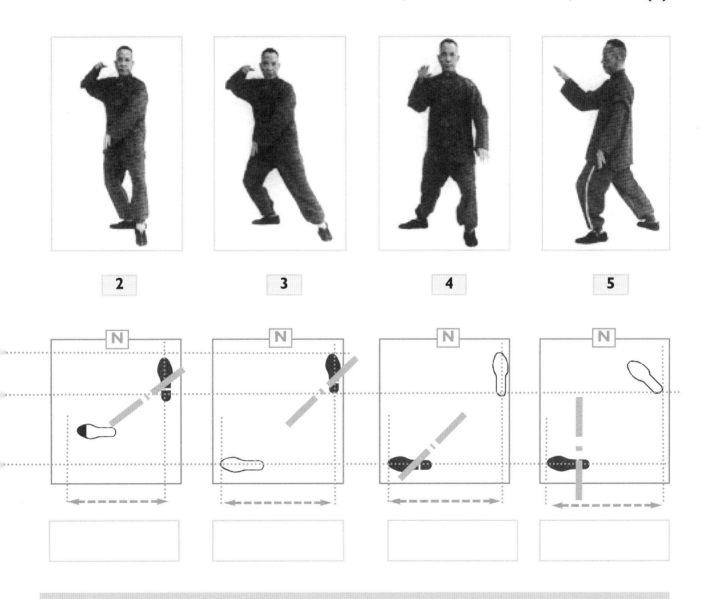

Form - 1. Abschnitt

Form - 1. Abschnitt

9. Hände spielen Pipa - Shou hui pipa

| 1 | 2 | 3 |

Form - 1. Abschnitt

1

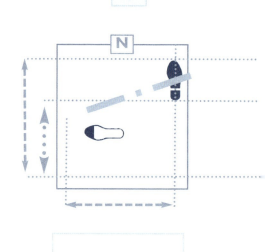

10. Knie streifen und im Schritt drehen, links - Lou xi aobu, zuoshi (2)

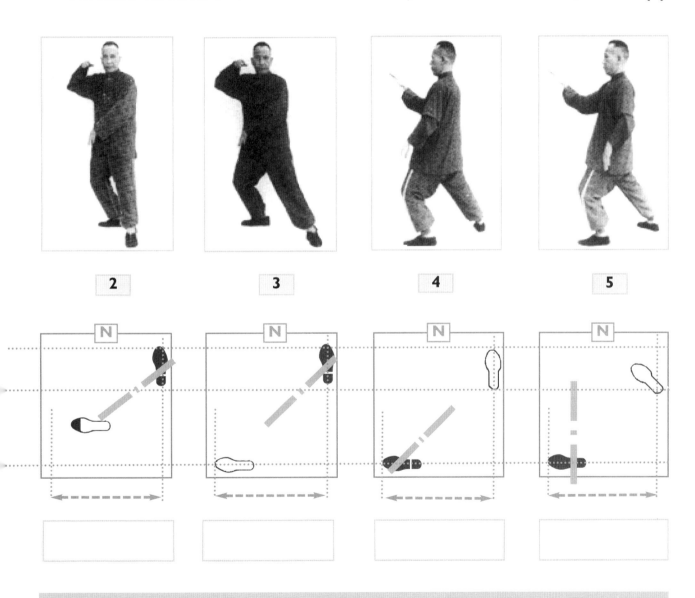

Form - 1. Abschnitt

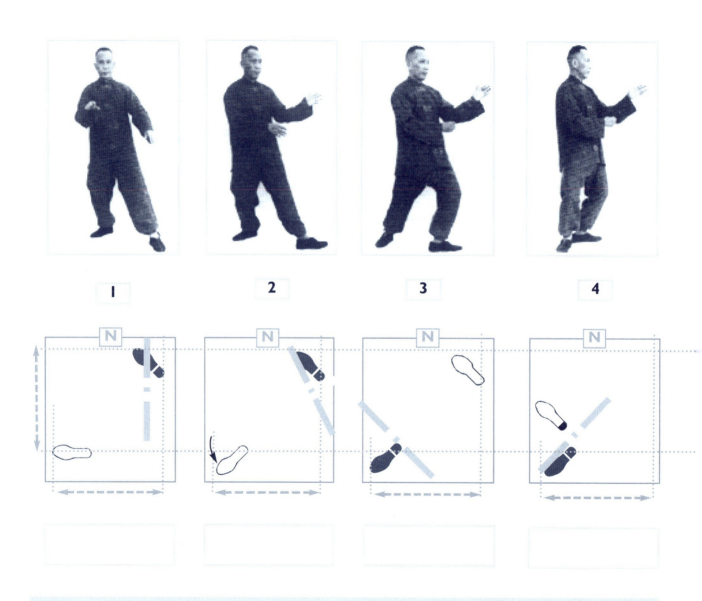

11. Vordringen, abwehren und mit Faust stoßen - Ban lan chui (1)

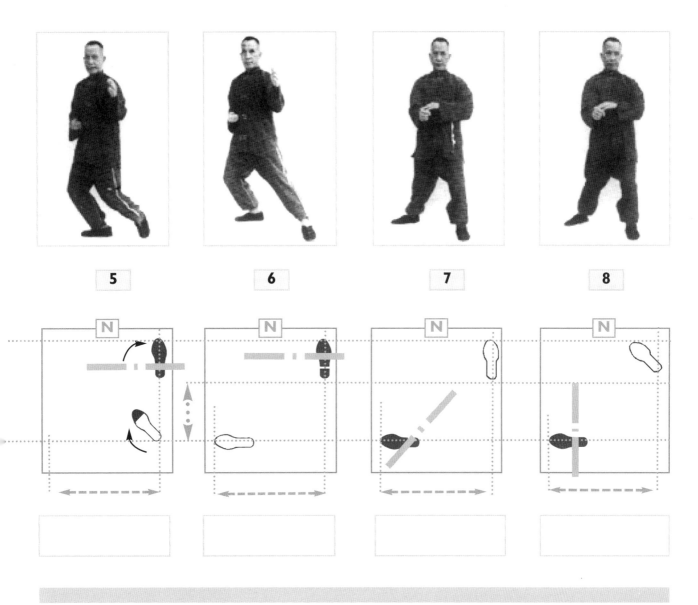

Form - 1. Abschnitt

12. Sich wie ein Siegel abschließen - Ru feng si bi (1)

Form - 1. Abschnitt

13. Hände kreuzen - Shizi shou (1)

Form - 1. Abschnitt

64. Abschluss des Taijiquan - Taiji shoushi

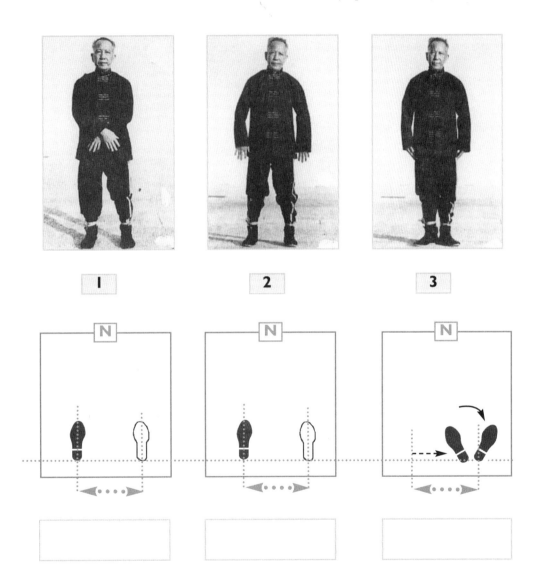

Innere Übungen
Neigong

Daoistische Selbstmassage . . . . .Tibiao huodonggong 99
Grundübungen zur Qi-Bewegung . . . . .Yunqifa 102
Drei-Dantian-Meditation . . . . .Jingzuo 103
Drei-Potenzen Qi-Gong . . . . .Sancai qigong 104
Geistreinigung . . . . .Jing xinfa 112

Innere Übungen

Neigong
Taijiquan wurde von Vertretern des Daoismus entwickelt. Nach der daoistischen Tradition wird in den Soloformfiguren auf die Bewegung des Qi besonderer Wert gelegt. Die damit verbundenen Übungen werden als „Neigong", „innere Arbeit" bezeichnet. Während der Ausübung der Soloform sollen die (äußeren) Körperbewegungen und die (innere) Qi-Bewegung miteinander verbunden und nicht einander widerstrebend praktiziert werden.

Schon im alten China gab es die Qigong-Figuren des „Ausspuckens (von Altem) und Aufnehmens (von Neuem) < Tu na >", des „Leitens und Dehnens < Dao yin >" und des Meditierens in klarer, ruhiger Haltung ohne Handlung.

Die daoistische Methode der Qi-Übungen und seine Bewegung auf vielen, miteinander verbundenen Leitbahnen durch den Körper beruht auf dem Urgesetz sich gegenseitig bedingender Yin- und Yang-Kräfte.

Dantian
Im Daoismus ist das untere Dantian das Zentrum des Lebenspulses im menschlichen Körper. Die Lage wird etwa 3 cm unterhalb des Nabels und etwa 8 cm innerhalb des Körpers gesehen. Es ist der Ort zum Sammeln, Schmieden und Schmelzen des Qi.

Atmung
Im Taijiquan gilt die Bauchatmung (natürliche Atmung) als die dem Menschen angemessene Atemweise. Bei Säuglingen und Kleinkindern vorhanden, verliert sie sich mit der Zeit und geht meist in die übliche Brustatmung über. Daher ist es wichtig, die latent vorhandene Bauchatmung zurückzugewinnen.

Übungsablauf
Zunächst gilt es, sich mit den mechanischen Abläufen der Übung vertraut zu machen. Nach deren Verinnerlichung geht man dazu über, die Atmung hinzuzunehmen. Erst wenn Übungsablauf und (Bauch-) Atmung harmonisiert funktionieren, kommen die Qi-Bewegungen hinzu. Es bedarf oft langer Übungsphasen, bis sich ein Gefühl für harmonisierte Atmung und Qi-Bewegung einstellt.

Daoistische Selbstmassage
Tibiao huodonggong

Aktivübungen auf der Körperoberfläche, Tibiao huodonggong, nach dem Erwachen, vor dem Einschlafen, sowie vor und nach einer Meditation in Ruhepositionen durchführen. Ihre Wirkung entfalten sie nur, wenn sie regelmäßig und immer mit warmen Händen direkt auf der Haut angewendet werden. Wenn nötig, kann man sich auf einzelne Bereiche beschränken.

I. Kopf:

1. Ohren:	- 36 x	Mit den Handtellern die Ohrenwurzeln kreisförmig massieren (18 x in beide Richtungen) (gegen Ohrenprobleme).
	- 36 x	Mit Zeige- und Mittelfinger die Hinterkopfknochen (Jadekissen) leicht klopfen oder schnippen (gegen Kopfschmerzen).
2. Augen:	- 7 x	Augäpfel nach links/rechts und aufwärts/abwärts bewegen (am Morgen vor dem Öffnen der Augen).
	- 3 x	Intensives Kurz- und Weitsehen (Fokussieren des Blicks auf Nähe und auf Weite).
	- 36 x	Mit beiden Zeigefingern links und rechts neben Aku-Punkt Yintang (Mitte zw. Augenbrauen) vertiefte Stellen auf Stirn pressen, gleichzeitig mit Außenseite der 2. Daumensegmente Augenlider nach außen abstreifend leicht massieren.
	- 6 x	Imaginativ ins Kopfinnere blicken (gegen Altersschwäche der Augen, zur Stärkung der Sehkraft).
3. Zähne:	- 36 x/72 x	Zähne locker aufeinander klappern (beim Urinieren u. beim Orgasmus Zähne eng geschlossen halten) (gegen Zahnerkrankungen).

Fortsetzung nächste Seite

Innere Übungen

4. Nase:	- 24 x	Mit den Daumenrücken die Nasenflügel nach unten hin massierend abstreifen (gegen Atemwegserkrankungen).
5. Gesicht:	- 24 x	Mit den Handinnenflächen von Backenknochen über Hinterkopf, Schädeldecke, Stirn, Nase und Unterkiefer kreisförmig massieren (für Feuchtigkeit und Sensibilität der Haut, gegen Falten).
	-	Die Kopfhaut mit Fingerspitzen kämmend stimulieren.
6. Gleichgewicht:	- 24 x / 18 x	Von rechts [Frauen links] den Kopf ganz locker und ohne Anstrengung nach hinten, links [rechts] und vorne kreisen lassen, gleichzeitig Zunge entgegengesetzt vor den Zähnen kreisen lassen (Übung zum inneren Gleichgewicht).

II. Rücken:

1. Schultergelenke:	- 36 x	Mit der linken Hand die rechte Schulter und mit der rechten Hand die linke Schulter kreisend massieren (gegen Lungenerkrankungen und schmerzende Schultergelenke).
2. Schulterblätter:	- 36 x	"Ruderndes" Schulterkreisen von oben nach hinten, unten und vorne, dabei Arme in Ellbogenbeugen auf ca. 100 Grad beugen, Hände zu lockeren Fäusten schließen (für bessere Durchblutung und Funktion der Organe).

III. Hüften:

1. Nierengegend:	-36 x	Mit den Bereichen zwischen Daumen und Zeigefinger von den Rippenbögen zu den Hüften hin abwärts massieren (gegen Rückenprobleme im Hüftbereich).
2. Steißbein:	- 36 x	Mit Zeige- und Mittelfinger das Steißbein nach unten hin massieren (gegen Hämorrhoiden, für Rückenmarksproduktion).
3. Bauch:	- 36 x	Mit den Handinnenflächen den Nabel massierend umkreisen; 2 Richtungen; jeweils oben beginnen, dann zur entgegengesetzten Seite der Hand führen, nach unten und zurück (gegen Magen-Darmprobleme, für Verdauung).

IV. Knie:

1. Kniescheiben:	– 36 x	Mit den Handinnenflächen von innen nach vorne, außen und hinten die Kniescheiben umkreisend massieren (gegen Gelenksentzündungen, für Beinkraft).
2. Kniekehlen:	– 36 x	Mit den Handinnenflächen Kniekehlen bei locker gestreckten Beinen massieren (für Elastizität der Beinsehnen).
3. Aku-Punkte Sanli:	– 36 x	Mit Zeige- oder Mittelfinger großräumig abwärts massieren (für Durchblutung der unteren Beinbereiche).

V. Knochen:

1. Unterarme und Unterschenkel:	– 36 x	Mit lockeren Fäusten die Mittelbereiche der jeweiligen Glieder abklopfen (gegen Osteoporose, für Stützfunktion der Knochen).
2. Rippen:	– 12 x	Mit lockeren Fäusten den Brustkorb und Rückenbereich von oben nach unten und wieder nach oben abklopfen.
	– 12 x	Rücken an Wand, zwei Varianten: 12 x reine Muskelarbeit (parallel, nahe an Wand); 12 x Ha-Ton aus dem Dantian (gesetzter Schritt, kleiner Abstand zur Wand) (für Elastizität der vorderen und hinteren Rippenbögen).

Dies ist ein Auszug aus einem umfangreichen Massageset für Fortgeschrittene.
Das Set wird nach dem jeweiligen Grad des Ausbildungsstandes erweitert.

Innere Übungen

Grundübungen zur Qi-Bewegung - Yunqifa

Vorbereitung
    Die Füße stehen schulterbreit und parallel.
    Die Haltung ist locker gestreckt und aufrecht.
    Volle Entspannung - ruhiger Geist.
    Das Qi wird mit dem Einatmen imaginativ bis ins Dantian abgesenkt.
    Die Ausatmung erfolgt ohne Beachtung.
    Geist und Atmung werden gebündelt bzw. dürfen sich unbeachtet auflösen.

Es sollten wenigstens 3 Vorbereitungszyklen ausgeführt werden.

Absenken des Qi im Parallelstand - Mabu

Einatmen	fein über die Nase mit Absenken des Qi ins Dantian.
Ausatmen	über den Mund mit Leitung des Qi vom Dantian zum Huiyin, Aufspaltung auf die Innenseite der Beine und Knie bis über die inneren Sprunggelenke zu beiden Yongjian-Punkten. Absenken des Rumpfes durch Beugen beider Beine in den Knien.
Einatmen	Qi-Ströme auf dem gleichen Weg zum Huiyin zurückführen, dort vereinigen und ins Dantian zurückleiten.

Hier sollten wenigstens 9 Zyklen und maximal 36 Zyklen ausgeführt werden.

Absenken des Qi im Bogenschritt (gesetzten Schritt) - Gongbu/Zuobu
    Rechts-/Links-Varianten

Einatmen	fein über die Nase, mittelgewichtet mit gestreckten Beinen zentieren.
Ausatmen	über Mund, Absenken des Qi in den vorderen belasteten Fuß (identische Wegbahn).
Einatmen	über die Nase, Qi ins Dantian zurückleiten.

Das andere Bein üben und ausgewogen praktizieren.

Es sollten jeweils 9 Zyklen links und rechts, maximal aber 36 Zyklenausgeführt werden.

Drei-Dantian-Meditation - Jingzuo

Sitzpositionen:
- ganzer oder halber Lotussitz
- Schneidersitz
- Schemelsitz
- Stuhlsitz

Handhaltungen:
- Hände gedeckt auf den Knien
- Hände geöffnet mit Mittelfinger/Daumenschluß
- Hände geschlossen Yang in Yin (Männer) bzw. Yin in Yang (Frauen)

Körperhaltung:
leichte Vorlage, Kinn anziehen
Kopfhaltung (Zunge, Augen)

Übung:

Konzentration auf die drei Zentren von unten nach oben:

unteres Dantian	3 Finger unterhalb des Nabels, etwas im Körperinneren
mittleres Dantian	Solarplexus
oberes Dantian	Stirnmitte

Ausführung:
reines Bewahren

Als Einstiegsübung nach mündlicher Unterweisung zur Konzentration und Sammlung, bei fortgeschrittener Ausbildung auch mit Qi-Bewegungen.

Innere Übungen

Drei-Potenzen Qi-Gong - Sancai Qigong
Erde - Mensch - Himmel

0

Ausgangsstellung:

Die Füße stehen in eineinhalbfacher Schulterbreite parallel zueinander,
die Beine sind locker gestreckt,
die Körperhaltung ist aufrecht und entspannt.
Die Arme hängen locker an den Seiten herab,
die Handflächen weisen zum Körper.
Der Kopf ist wie an einem Silberfaden aufgehängt,
die Zungenspitze liegt am inneren oberen Zahndamm an und
der Blick ist horizontal nach vorn gerichtet.

Innere Übungen

| | 1 | 2 | 3 |

	Atmung *	**Bewegungsbeschreibung**	**Potenz**
1.	EIN	Arme gestreckt seitlich auf Schulterhöhe heben, Handflächen weisen dabei nach unten; Beine beugen und Körper tief absenken.	ERDE
2.	AUS	Arme in Schulterhöhe horizontal vor den Körper führen, Handflächen weiterhin nach unten; Beine wieder strecken und Körper aufrichten.	ERDE
3.	EIN	Arme zuerst einwärts zum Körper nach unten sinken lassen, dann Hände am Rumpf entlang nach oben und vorn führen, d.h. durchdrehen, bis Unterarme vor Körper schräg nach vorn oben und Handflächen zum Körper zeigen. Beine beugen, d.h. sinken.	MENSCH

* *im Anfängerstadium frei und ungelenkt*

Innere Übungen

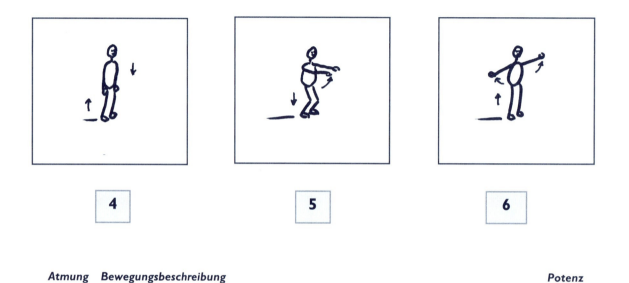

	Atmung	Bewegungsbeschreibung	Potenz
4.	AUS	Erst Unterarme, dann ganze Arme vollständig nach unten sinken lassen, Handflächen unverändert; Beine strecken.	MENSCH
5.	EIN	Arme gestreckt vor dem Körper auf Horizontale in Schulterhöhe heben, Handflächen nach oben; Beine beugen.	HIMMEL
6.	AUS	Arme gestreckt in Schulterhöhe bis zu den Seiten führen, Handflächen weiterhin nach oben; Beine strecken.	HIMMEL

Innere Übungen

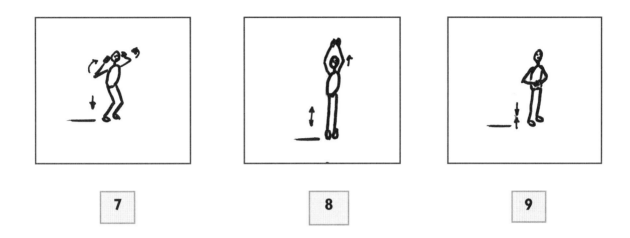

	Atmung	Bewegungsbeschreibung	Potenz
7.	EIN	Ellenbogen beugen und Hände zu lockeren Fäusten geballt zum Kopf führen; Beine beugen.	HIMMEL
8.	AUS	Körper strecken: Arme nach oben „zum Himmel" strecken, dabei Fäuste öffnen und Hände drehen, bis Handflächen horizontal nach oben weisen; Beine strecken und auf Zehenspitzen stellen.	HIMMEL
9.	EIN	Arme vor dem Körper gemäß Schwerkraft sinken lassen, Hände dabei drehen. Die Hände kommen so in eine Position vor dem unteren Bauchbereich. Sie berühren sich fast mit den Fingerspitzen und die Handflächen weisen nach oben. Die Beine sind gestreckt und die Füße liegen wieder in Gänze auf.	MENSCH

Innere Übungen

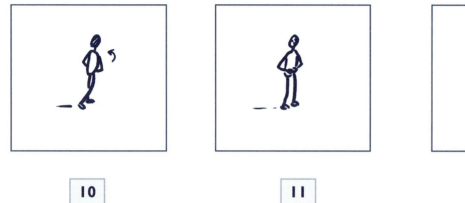

	Atmung	Bewegungsbeschreibung	Potenz
10.	AUS	Körper nach links drehen (in der Hüfte und weiter dann in der Taille), Arm- und Handhaltung bleiben unverändert. Knie bleiben über den Zehen.	MENSCH
11.	EIN	Körper in Mittelposition zurückdrehen; Arm- und Handhaltung bleiben unverändert.	MENSCH
12.	AUS	Körper nach rechts drehen (in der Hüfte und dann weiter in der Taille), Arm- und Handhaltung bleiben unverändert, Knie bleiben über den Zehen.	MENSCH

Innere Übungen

13

14

15

	Atmung	**Bewegungsbeschreibung**	**Potenz**
13.	EIN	Körper in Mittelposition zurückdrehen und gleichzeitig Beine beugen, d.h. sinken; Arme heben (dabei Beugung in den Ellenbogen in etwa beibehalten), bis sie sich etwa in Höhe der Handgelenke überkreuzen, rechte Hand außen und linke Hand innen.	ERDE
14.	AUS	Körper strecken: Hände zunächst nach innen zum Körper fallen lassen; rechte Hand sinkt anschließend mit horizontaler, nach unten weisender Handfläche „zur Erde"; linke Hand dreht weiter und steigt nach oben mit horizontaler, nach oben weisender Handfläche, Arme strecken; Beine strecken und auf die Zehenspitzen stellen.	ERDE
15.	EIN	Arme wieder vor dem Körper etwa in Höhe der Handgelenke überkreuzen (vgl. 13), diesmal aber linke Hand außen und rechte Hand innen; Beine beugen, d.h. sinken; ganze Füße liegen auf.	ERDE

Innere Übungen

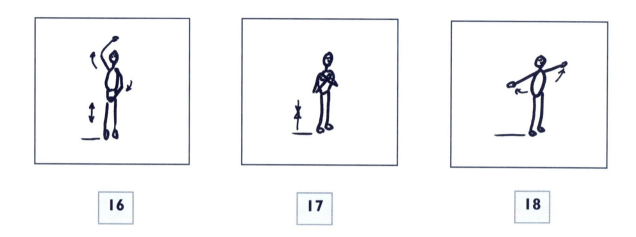

	Atmung	Bewegungsbeschreibung	Potenz
16.	AUS	Körper strecken wie unter 14; Hände nach innen drehen. Diesmal sinkt anschließend die linke Hand und die rechte Hand steigt. Beine strecken und Füße auf Zehenspitzen stellen.	ERDE
17.	EIN	Arme wieder vor dem Körper etwa in Höhe der Handgelenke überkreuzen (vgl. 13), mit rechter Hand außen und linker Hand innen. Beine gestreckt lassen; Füße liegen ganz auf.	HIMMEL
18.	EIN	Arme annähernd gestreckt in Schulterhöhe seitlich nach außen führen, Handflächen weisen nach oben; Beine bleiben gestreckt.	HIMMEL

Innere Übungen

19

Abschluss

Atmung	Bewegungsbeschreibung	Potenz
AUS	Arme sinken lassen, dabei Handflächen nach unten wenden, und zur Ausgangsstellung zurückkehren.	-

Übung: jeweils insgesamt 6 Zyklen (1. - 18.)

Auch bei dieser Übung geht es im Anfangsstudium erst darum, die Abläufe zu vertiefen, zur Konzentration und Sammlung zu kommen. Erst danach sollte man zusätzlich auf die Atmung achten.

Innere Übungen

Geistreinigung - Jing xinfa
nach Meister Ju Hongbing

Ausgangsstellung:
Parallelstand, beidbeinig belastet

Einatmen
- Den Körper streckend die Arme seitlich hochführen, die Handinnenflächen weisen aufwärts. Über dem Baihui-Punkt die Finger zusammenführen.

Ausatmen
- Mit dem Körper sinkend störende Gedanken ableiten durch Händeführung mit den Fingerspitzen aus dem Kopf- bis unter den Beckenbereich.
- Die Hände ganz locker neben den Oberschenkeln hängen lassen und die Handinnenflächen nach außen wenden.

Mit dem Einatmen einen neuen Zyklus beginnen und insgesamt wenigstens 12 Zyklen vollenden.

Grundlegende Handtechniken
Yang-Stil-Regeln
Effekte des Taijiquan
Weitere vom Taijiquan umfasste Bereiche

Handtechniken
    Handhaltungen 114
    Natürliche Bewegungsarten 116
Fünf Methoden zum Tasten nach Gefühl 118
Acht Handtechniken des Taijiquan 120
Yang-Stil-Regeln nach Yang Chengfu 122
Effekte des Taijiquan 126
Weitere vom Taijiquan umfasste Bereiche 128

Handtechniken, Regeln, Effekte

Handhaltungen

> Die Beine
> sind im Taijiquan die Basis:
> *„Von den Beinen geht alles aus."*
>
> Versteht man hier alle Veränderung von Leere und Gewichtung, folgt der Einsatz der Handtechniken nach, indem sich in den Armen Bewegung und Ruhe zeigen. Handtechniken werden keinesfalls einzeln und isoliert geübt.

> Die Gestalt der Jin-Kraft zeigt sich in den Fingern.
> *„Klassiker"*

Offene Hand

Sie wird auch bezeichnet als
„die Hand einer schönen Frau".

Der Handrücken und die Außenseite des Unterarms bilden eine annähernde Gerade. Die Handfläche stellt der Länge nach das Segment eines imaginären Kreises dar, der etwa den Radius der eigenen Körpergröße hat. Die Finger sind nicht geschlossen; der Abstand sollte etwa eine halbe Fingerbreite betragen. Der Daumen wird schräg unterhalb des Zeigefingers möglichst locker gestreckt. Der Abstand beträgt ebenfalls nur eine halbe Fingerbreite.

Beim Üben der Soloform ist mit Ausnahme der Handhaltungen der Faust und der Hakenhand immer die „offene Hand" beizubehalten.

Faust

Sie wird auch bezeichnet als Taiji-Hammer oder hohle Hand, im Volksmund „Keule".

Zwischen Unterarm und Handrücken ist auch bei der Faust die gleiche leichte Geneigtheit festzustellen. Die vier Finger sind locker aneinandergelegt, so dass kein Abstand mehr besteht. Die Spitzen des Zeige- und Mittelfingers berühren durch die folgende Beugung ganz leicht den inneren Daumenballen, während das erste Glied des Daumens ganz locker zwischen den ersten Gelenken des Zeige- und Mittelfingers aufliegt.
Ring- und kleiner Finger berühren die Handinnenfläche ganz leicht. Es entsteht eine Höhlung (Loch der Faust) im Faustzentrum von einem bis eineinhalb Zentimeter Durchmesser.
Der obere Ausgang dieses Loches, das von Daumen- und Zeigefinger umschlossen wird, wird „Faustauge" genannt. Das untere Rund, vom kleinen Finger geformt, heißt „Faustboden".

Hakenhand

Sie wird auch Stellung der „hängenden Hand" genannt.

Die Innenseite des Unterarms (Pulsseite) weist zum Boden, und das Handgelenk wird so entspannt, dass die Handfläche und die fünf Finger natürlich nach unten hängen. Gleichzeitig werden die fünf Fingerspitzen vertikal zusammengeführt. Um den Daumen liegen die vier Fingerspitzen im Halbkreis und berühren sich mit den Kuppen der Finger. Die Streckmuskeln aller fünf Finger sollen dabei möglichst entspannt sein.

Handtechniken, Regeln, Effekte

Natürliche Bewegungsarten

1. Ursprüngliche Körperposition

Wird der Körper bewegt oder gedreht, folgen die Arme in unverändertem Verhältnis zum Körper. Von außen betrachtet sieht es so aus, als ob sich der gesamte Körper gleichzeitig bewegte. In Wirklichkeit haben sich die Arme nicht bewegt. Man kann diese Bewegung mit einem Fahrgast im Bus vergleichen, der sich immer auf seinem Platz befindet und daher zusammen mit dem Fahrzeug seine Gesamtposition verändert hat.

2. Ursprüngliche Raumposition

Sie liegt vor, wenn die Position oder die Richtung des Körpers verändert wird, dabei aber die Arm- oder Handhaltungen im Raum unverändert bleiben. Es sieht so aus, als ob die Arme sich bewegen; in Wirklichkeit ist es aber der Körper, und nicht der Arm, der sich bewegt.

3. Verbundenes Steigen und Sinken

Hier handelt es sich um Auf- und Abwärtsbewegungen der Arme, der Beine oder des Rumpfes, wie leichtere bzw. schwerere Objekte im Wasser steigen oder sinken. Die Bewegungen können vertikal und schräg verlaufen. Die Kraft stammt aus der Rückverlagerung, aus der eingewölbten Brust oder dem geöffneten Leisten-Becken-Bereich.

4. Mitbewegen

Die oberen Glieder werden durch die Bewegungskraft des Rumpfes mitbewegt. Dabei sind die Bewegungsrichtung und -geschwindigkeit z.B. einer Handfläche oder eines Unterarms nicht identisch mit den Richtungen oder Geschwindigkeiten des Rumpfes. Bei Verlagerungen des Rumpfes gilt in der Regel eine gerade Bewegungslinie auf gleich bleibender Höhe.

5. Trägheit beim Vordringen

Wenn nach einer Mitbewegung die beteiligten Bereiche nicht gleichzeitig zum Einhalt kommen, die Kraft des Mitbewegens also noch nicht verbraucht ist, kann diese Restkraft zu einem weiteren Vordringen vor allem der Arme, aber auch der Beine, genutzt werden. Die Bewegung des Vordringens kann langsamer, schneller oder gleich schnell sein.

6. Stimulierte Bewegung

Dies ist eine folgende Handtechnik zum Mitbewegen über eine größere Distanz als Übergang von Figuren, die voneinander getrennt sind. Es kann auch ein größeres Mitbewegen über mehrere Aktionen hinweg ohne Beschleunigung oder in mehrere Richtungen (Verschmelzung mehrerer Bewegungsarten) sein. Die obere Bewegung bedingt eine untere: Hand- und Fußflächen, Ellbogen und Knie, Brust und Bauchmitte reagieren aufeinander.

7. Reaktionsbewegung

Es gibt zwei Arten: Zum einen die entstehende Reaktions- und Rückstoßkraft, die auftritt, wenn sich z.B. ein Fischer mit dem Stock vom Ufer abstößt. Zum anderen eine weitergeleitete Induktionskraft, die auf einer Aktion des Gegners beruht.

8. Bewegungslinien

Die dargestellten Bewegungsarten gehen in der Anwendung nicht über zwei Bewegungslinien hinaus.

Bogen und Kreis

Es gibt bogen-, kreis- und kurvenförmige Bewegungen um 90 - 180 Grad, auch als vertikale, horizontale oder schräge Bogendrehung z.B. Ellbogen als Drehpunkt; senkrechte und horizontale Kreisbögen aufwärts; senkrechte und horizontale Kreisbögen abwärts; schräge Aufwärtsbögen (Peitsche), schräge Aufwärtskurven.

Horizontale und Vertikale

Alle meist kurzen, geraden und rechteckigen Bewegungen.

Handtechniken, Regeln, Effekte

Fünf Methoden zum Tasten nach Gefühl

Diese Handtechniken werden erst im „Pushing Hands" - der Partnerarbeit - wichtig und sind hier der Vollständigkeit halber aufgeführt. Für die Vermittlung im Anfängerbereich sind sie sehr komplex.

Im Taijiquan gibt es fünf Methoden, die über die Wahrnehmungsfähigkeit für die Jin-Kraft die Handtechniken kontrollieren und entsprechend zum Einsatz bringen. Im „Kommentar" zum Taijiquan heißt es: „Durch ruhiges Erinnern der Tastmethoden erreicht man allmählich ein Stadium, wo man tun kann, wie einem beliebt." Die Methoden umfassen ein feinfühliges Wahrnehmen von Bewegung und Ruhe und ein Abwägen von Leere und Gewichtung. Sie dienen auch als Brücke zur Jin-Wahrnehmung.

1. Kontakt herstellen

Man nennt es auch „Ankleben" und versteht darunter das Anziehen und Zurückholen.
Zugeordnete Schrittart: Nach-links-Wenden
Wandlungsphase: Metall
Trigramme: DUI (See) und QIAN (Himmel)

2. Den Kontakt vertiefen

Man nennt es auch „Anhaften" und versteht darunter, dass etwas nicht getrennt werden kann.
Zugeordnete Schrittart: Vordringen
Wandlungsphase: Wasser
Trigramme: KAN (Wasser)

3. Das Zentrum suchen

Man nennt es auch „Nachfolgen". Es hat die Bedeutung von ununterbrochener Verbundenheit.
Zugeordnete Schrittart: Nach-rechts-Drehen
Wandlungsphase: Holz
Trigramme: ZHEN (Donner) und XUN (Wind)

4. Das Zentrum kontrollieren

Man nennt es auch „Mitbewegen" und versteht darunter, sich mit den Stellungen mitzubewegen und ihnen zu entsprechen. Die Handtechnik erfordert eine vollständige Aufgabe des eigenen unbewussten Widerstandes, das völlige Eingehen auf ein langsames oder schnelles Vordringen oder Zurückschreiten und alle anderen Bewegungen des Gegners.

Zugeordnete Schrittart: Zurückschreiten
Wandlungsphase: Feuer
Trigramme: LI (Feuer)

5. Statisches und dynamisches Gleichgewicht

Man nennt es auch „Gleichgewicht zwischen Ruhe und Bewegung" oder „stabilisierende Jin-Kraft". Es bedeutet, sich weder zu trennen noch mit Härte zu widerstehen.

Zugeordnete Schrittart: zentrale Stabilität
Wandlungsphase: Erde
Trigramme: GEN (Berg) und KUN (Erde)

Wenn man diese „Fünf Methoden zum Tasten nach Gefühl" - über die Handtechniken - mit den natürlichen Bewegungsarten kombinieren kann, wird man sie ganz ausschöpfen. Setzt man fälschlicherweise Bewegungsarten mit hohem Krafteinsatz ein, scheint das nur ein kleiner Unterschied, führt aber weit in die Irre.

„Ankleben ist Ausweichen,
Ausweichen ist Ankleben."

Handtechniken, Regeln, Effekte

Acht Handtechniken des Taijiquan

Die Handtechniken des Taijiquan sind Anwendungen der Faustkampffiguren. Alle Figuren der Soloform sind aus diesen acht Techniken zusammengesetzt und kombiniert. Die grundsätzlichen Regeln des Taijiquan sind zu beachten. Die Bewegungskraft entsteht über die Beine, die Hüfte und die Taille. Die innere Schule legt das Hauptaugenmerk auf die Verteidigung, erst danach auf das Abschließen und einen Ausweg finden, zuletzt auf den Angriff in unausweichlichen Situationen. Abwehren und Stoßen sind die beiden grundlegenden Techniken, aus denen die anderen sechs Techniken kombiniert werden.

1. Abwehren

Die Handtechnik hat die Bedeutung, dass etwas mit den Armen gestützt wird, wobei man vor allem die entspannten Unterarme einsetzt, um stoßende Angriffe aufzunehmen und abzustützen. Dann wird die Bewegung der eigenen Beine und Hüften ausgenutzt.
Yijing-Korrespondenz: QIAN-Trigramm.

2. Stoßen

Diese Handtechnik beschreibt einen zwingenden Druck mit einem langsamen, fühlenden Vordringen. Man benutzt die Handflächen und heftet sie leicht und locker auf die entscheidenden Ansatzpunkte der gegnerischen Arme oder auf den Körper, so dass man durch die Kraft des Gefühls (Wahrnehmung des Jin) sofort dessen Schwerkraftzentrum kontrolliert und seine eigenen Veränderungen von Leere und Gewichtung im Griff hat.
Yijing-Korrespondenz: KAN-Trigramm.

3. Zurückgleiten

Die besondere Bedeutung dieser Technik ist, dem Mittelweg und der Aktionsspur zu folgen. Dazu benutzt man das Handgelenk, klebt es ganz leicht und entspannt an den angreifend stoßenden Unterarm des Gegners, folgt der ankommenden Bewegung und Kraftrichtung und führt ihn so, ohne dass dieser es merken würde, ins Leere.
Yijing-Korrespondenz: KUN-Trigramm.

4. Pressen

Man setzt einen horizontalen Unterarm ein, der in der Abwehrhaltung an den gegnerischen Drehbereich des Rumpfes angeklebt wird. Der andere Arm wird in die Stoßrichtung gebracht und hinter dem Handgelenk des horizontalen Armes bereit gehalten.
Yijing-Korrespondenz: ZHEN-Trigramm.

5. Nach-unten-Ziehen

Beim Nach-unten-Ziehen sind die Arme ganz entspannt und leicht. Man versucht, das Hand- oder Ellbogengelenk des Gegenübers fest zu ergreifen und schräg nach unten hin zu ziehen.
Yijing-Korrespondenz: GEN-Trigramm.

6. Schnelles Reagieren

Diese Handtechnik wird als letzter Ausweg eingesetzt, wenn man sonst in eine ungünstige Position geraten könnte. Man benutzt das Tasten nach Gefühl und veranlasst den Gegner dazu, der eigenen Rumpfdrehung nachzufolgen.
Yijing-Korrespondenz: DUI-Trigramm.

7. Ellbogenstoß

Hier wird der Gegner mit gebeugtem Ellenbogen attackiert. Entweder greift man mit der Ellbogenspitze die Brust bzw. die Flanke des Gegners an oder man stößt ihn damit weg.
Yijing-Korrespondenz: LI-Trigramm.

8. Schulterstoß

Diese Handtechnik bedeutet, mit der Schulter stoßend zu attackieren. Ob man auf ein Bewegtwerden konternd reagiert oder eine Leere ausnutzend angreift und vordringt, immer zielt man mit der Schulteraußenseite auf den Zentrumsbereich des Gegners.
Yijing-Korrespondenz: XUN-Trigramm.

Die Zeichen und die Bedeutung der Trigramme werden im Kapitel „Die Yijing-Philosophie des Taijiquan" erklärt.
Eine ausführliche Erläuterung mit Beispielfiguren bietet Meister Song in „Die Formenlehre Band 2"

Handtechniken, Regeln, Effekte

Yang-Stil Regeln
Charakteristika und Methodik des Taijiquan nach Yang Chengfu,
aufgezeichnet und kommentiert von Chen Weiming

> Die Methoden oder Wesenszüge des Taijiquan wurden traditionell nur mündlich innerhalb der Familien bzw. Schulen vermittelt. Zwischen 1917 und 1925 übte Chen Weiming in Guangping bei Yang Chengfu das Yang-Stil-Taijiquan, wurde vom Meister in diesen Stil eingewiesen und zeichnete erstmals die wichtigsten Punkte auf.

Ein wesentliches Kennzeichen des Taijiquan ist es, dass sowohl der gesamte Körper gekräftigt als auch das Qi vermehrt werden soll. Es wird eine gleichmäßige Ausbildung der gesamten Körpermuskulatur angestrebt. Eine Entspannung der Glieder und des Rumpfes hat für viele Erkrankungen eine heilende Wirkung. Die Bewegungsabläufe können unabhängig von Ort und Zeit geübt werden. Die Techniken des Faustkampfes betonen nicht den Angriff, sondern legen in erster Linie Wert auf die Verteidigung. Man lernt, sich seiner Aktionen voll bewusst zu werden. Die daoistische Philosophie regt dazu an, unnötige Konfrontationen zu meiden.

Die nachfolgenden Methoden sind für alle Taiji-Stile gültig und dienen als Grundlagen. Meister Song hat sie um einige Anmerkungen erweitert.

1. Unterscheidung von Leere und Gewichtung in den Beinen

„Leere und Gewichtung sollen klar unterschieden werden" (Klassiker). Das Schwerkraftzentrum wird immer nur von einem Bein getragen, das mit dem Fuß fest am Boden klebt und somit verwurzelt ist. Das belastete Bein ist passiv (Yin), das unbelastete Bein trägt nur sein Eigengewicht und symbolisiert die Aktivität (Yang). Während einer Gewichtsverlagerung durchläuft dieser Prozess alle Varianten zwischen 100% und 0% der Gewichtung.

2. Ruhe und Bewegung in den Handtechniken

Es gibt keine eigenständigen Bewegungen der oberen Gliedmaßen. Die Arme folgen immer den entsprechenden Aktionen von Hüfte und Becken. Ruhe und Bewegung ist die Mutter von Yin und Yang.

3. Entspanntheit in den Beingelenken (Knie, Knöchel, Zehen)

Knie- und Sprunggelenke sind für alle Bewegungen der Beine wichtige Drehpunkte. Die Kniehöhlung soll entspannt bleiben, was daran zu erkennen ist, dass die Kniescheibe leicht beweglich bleibt. Die Lockerheit in den Sprunggelenken sorgt dafür, dass die Fußsohlen als Wurzeln vollständig Kontakt zum Boden bewahren.
„Streben nach Geradheit in der Beugung".

4. „Gesetztes Handgelenk" (Hand der schönen Frau) und Unterarmdrehung

Die Handtechniken erfordern ein tiefes, inneres Entspannen der Handgelenke (Hand der schönen Frau); Ausnahmen sind die Hakenhand und die Faust. Unterarmknochen und Handwurzelknochen sollten eine Gerade bilden. Auch hier sollte eine Geradheit in der Beugung erreicht werden.
Handgelenke und Unterarme werden immer als Einheit gedreht.

5. Senken der Schultern (kein Rundrücken!) und Ellbogen, Entspannen von Becken und Taille

Entspannte Schultern und der Schwerkraft entsprechend abgesenkte Ellbogen zeigen, dass die Gelenke der Arme korrekt gelockert sind.

6. Leicht eingewölbte Brust und Vertikalstellung des Beckenbereiches (wie Primaten und Kleinkinder)

Die Taijiquan-Übung verlangt eine leichte Wölbung von Brust und Bauchbereich, so dass das Qi in das Schwerkraftzentrum (Dantian) unterhalb des Nabels abgesenkt werden kann. Der Rücken ist aufgerichtet. „Steht das Steißbein aufrecht, so dringt der Geist bis zum Scheitelpunkt durch. Der gesamte Körper ist beweglich, und der Kopf schwebt, wie an einem Faden aufgehängt." (Lied von „Form und Funktion der 13 Stellungen")

7. „Leerer" Nacken und Jin-Kraft bis zum Scheitelpunkt (Elastizität wie in Peitsche und Welle)

Hier ist der gesamte Halsbereich gemeint, der so weit wie möglich entspannt sein sollte. Ein natürlich gehaltener Kopf erweckt den Eindruck, als würde er mit seinem Scheitelpunkt an einem Faden hängen.

8. Unten (Beine und Füße, eckig = Erde) und Oben (Rumpf und Arme, rund = Himmel) folgen einander

Die Bewegung wird in der Regel unten eingeleitet und setzt sich nach oben fort. Ausgangspunkt ist immer die Hüft- oder Beckenbewegung.

9. Nach innen gerichteter Blick

Bei richtig ausbalancierter Kopfhaltung blicken die Augen automatisch in die Horizontale. Sie sollten einen möglichst weiten Blickwinkel haben und sich ein diffuses, weites Blickfeld erhalten. Der Blick wird auf nichts fixiert. Die Sehfähigkeit bleibt erhalten, um den Geist nicht nach außen fließen zu lassen. Nur über einen gesammelten Geist im Innern kann die tatsächliche Wirkkraft der Techniken des Taijiquan erreicht werden.

10. In das Dantian abgesenktes Qi

Dieser Technik zur Konzentration des Geistes und zur Ansammlung des Qi wird im Taijiquan besondere Bedeutung beigemessen. Durch die Vorstellungskraft wird Atemluft nach unten geleitet, bis sich der Magenbereich entspannt und die inneren Organe etwas abgesenkt werden. Physiologisch geschieht dies durch Absenken des Zwerchfelles, Magen und Darm folgen nach. In der Form wird diese Besonderheit von Anfang bis zum Ende beibehalten. Die Konzentration richtet sich auf das Schwerkraftzentrum unterhalb des Nabels.

11. Bogen- und kreisförmige Bewegungen

Alle Bewegungen des Taijiquan folgen bogen- oder kreisförmigen Linien bzw. Kreissegmenten (Viertel- und Halbkreise, ganze Kreise, Kurven, Ellipsen, Spiralen). Die Körperbereiche sollen beweglich werden wie Räder, denn erst dann können die Arme den Rumpfbewegungen nachfolgen.

12. Verbundenheit in den Aktionen

Innere Atmung und äußere Bewegung entsprechen einander; es wird keine Rohkraft eingesetzt, sondern dafür feinmotorische Geisteskraft. „... man bewegt sich wie ein langer Fluß und das große Meer, die ohne Unterbrechung verbunden sind ..." (Klassiker). Beim Verbinden der einzelnen Teilbewegungen sind die Prinzipien der Leichtigkeit, Langsamkeit, Gleichmäßigkeit und der aufrechten Haltung zu beachten.

13. Taijiquan als Ganzkörperübung

Die Bewegungen des Taijiquan beziehen den gesamten Körper, die inneren wie die äußeren Bereiche, die Organe und die Muskulatur in die Übung mit ein. Alle Bereiche des Körpers sind gleichzeitig an der Bewegung beteiligt.

„Sobald man sich bewegt, gibt es nichts, das sich nicht bewegt;
sobald man ruht, gibt es nichts, das nicht ruht." (Klassiker)

Entscheidend ist, dass sich die Atmung auf natürliche Weise anpasst. Innen und außen müssen sich ergänzen und dürfen sich nicht gegenseitig beeinträchtigen.

Effekte des Taijiquan
Auswirkungen der Taijiquan-Faustkampfübungen
Taijiquan kann von Personen unterschiedlichen Geschlechts und Alters und mit den verschiedensten Intentionen betrieben werden. Der häufigste Grund ist das Streben nach körperlicher und geistiger Gesundheit. Dazu kommen noch die Wiederentdeckung verlorengegangener, ursprünglicher Körperfähigkeiten. Von den klassischen Vertretern wird es als Grundlage zur Kultivierung der eigenen Persönlichkeit betrachtet. Im Sinne der konfuzianischen Lehre des Da Xue: das Wissen vervollständigen - Ernsthaftigkeit der Gedanken herstellen - das Herz ausrichten - die Persönlichkeit kultivieren - Familien ordentlich führen - Staaten gut regieren - das gesamte Reich befrieden.

1. Bewahrung der körperlichen Gesundheit
Heute haben wir eine Entwicklung von rein körperlichen Tätigkeiten hin zu häufig übermäßig gestiegenen geistigen Leistungen. Taijiquan hilft, auf die Bewahrung der ursprünglichen Körperfähigkeiten zu achten, trägt zur mentalen Gesundheit bei, verbessert die Zirkulation des Blutes und der Lymphflüssigkeit, unterstützt die Verdauung und beschleunigt die Stoffwechselfunktion. Die Gleichmäßigkeit der Bewegungen lässt die Muskulatur des gesamten Körpers sich ausgewogen entwickeln.

2. Verbesserung der körpereigenen Fähigkeiten
Regelmäßiges Training verbessert nahezu alle körperlichen Aktivitäten. Man arbeitet ausdauernder, verträgt Kälte und Hitze besser, wird widerstandfähiger und erzielt positive Auswirkungen auf Gefühlssinn und Urteilskraft. Positiv beeinflusst werden stressbedingte Krankheiten wie Herzerkrankungen, Nierenprobleme, Nervenschwäche und Psychosen. Taijiquan ermöglicht gleichzeitig, Herz und Körper zu entspannen und die Körperkraft zu stärken.

3. Kultivierung des Geistes

Heute sind wir so vielen Reizen ausgesetzt, dass viele Menschen durch die Reizüberflutung konfus und richtungslos werden. Die vorhandene Intelligenz wird oft nicht erschlossen und genutzt. Taijiquan ist ein Angebot zu einer geistigen Haltung, die eine Sammlung des Geistes bewirken und dessen Zerstreuung verhindern soll. Das Ziel ist eine tiefe Konzentration nach innen und die Harmonisierung von bewegtem Körper und ruhigem Geist.

„ ... innen den Geist festigen, äußerlich Ruhe zeigen." („mentale Erklärungen")

4. Verlängerte Lebenserwartung

Durch Nährung des Qi und Belebung des Blutflusses, durch Entspannung und Anpassung, durch Mehrung der Speicher soll der Charakter kultiviert, Krankheiten ferngehalten und das Leben verlängert werden. Taijiquan dient zur Prophylaxe von Krankheiten und zur besseren Rekonvaleszenz nach Erkrankungen. „Zuerst im Herzen, dann am Körper." Ebenso bezieht es sich auf einen richtigen Lebensrhythmus in allen Bereichen z.B. bei der Arbeit, sowie beim Essen und Trinken.

5. Vermeidung von Unglück (Unfällen)

Im Taijiquan sind die fünf Schrittmethoden von grundlegender Bedeutung. Häufiges Trainieren macht Schritt und Tritt sehr exakt und verleiht dem Schwerkraftzentrum des Körpers Stabilität. Durch antrainierte Reflexe kann man in gefährlichen Situationen locker und spontan reagieren. Durch jahrelanges Training gewinnt der Knochenbau an Stabilität.

6. Neutralisierung gegnerischer Angriffe

Verteidigungstechniken werden nur in Notfällen angewandt. Aktives Angreifen ist in dieser Faustkampfkunst verpönt; es geht einzig und allein darum, dem Angriff eines Gegners nicht zu unterliegen. Eine Neutralisierung ist nur im fortgeschrittenen Stadium der Selbstverteidigung möglich.

Weitere vom Taijiquan umfasste Bereiche

Positive Beeinflussung der eigenen Physiologie
- Belastbarkeit der Muskulatur
- Verstärkung der Knochenstruktur
- Belastbarkeit der Nerven und des Kreislaufs
- Beschleunigung des Stoffwechsels
- Einsparung von Hormonen und Enzymen
- Bessere Atmung

Besseres Verständnis der physikalischen Körper-Mechanik
- Erkenntnisse zur Schwerkraft und zum eigenen Schwerkraftzentrum
- Massenträgheit
- Stabilität
- Reibung
- Elastizität
- Erschütterung
- Bewegung mit gleicher oder beschleunigter Geschwindigkeit
- Hebelgesetze

Chin. Philosophie des Yijing als kosmologisch/ontologisches Weltbild
- vom Taiji als Ureinheit zu Yin/Yang - zu 5 Phasen - zu 8 Trigrammen - zu 64 Hexagrammen - zu 10000 Dingen
- vgl. G.W. Leibnitz (binäres Zahlensystem nach Yin/Yang)
- Basis der EDV (0 oder 1 nach Yin oder Yang)
- moderne Chaos-Theorie der Astro-Physik (einzige Konstante der Veränderung)

Geschichte und Philosophie des Taijiquan

Kurzer Überblick über die Geschichte des Taijiquan 130
Entwicklung der Yijian-Taijiquan - Yang-Stil-Form nach Song Zhijian 132
Nachruf Song Zhijian (Hermann Bohn) 133
Klassische Schriften 136
„Klassiker" des Taijiquan 137
Yijing-Philosophie im Taijiquan 139
Dreizehn Stellungen des Taijiquan
    Acht Handtechniken 142
    Fünf Schrittarten 142
    Acht Trigramme 142
    Wandlungsphasen 143
    Die Korrespondenz zwischen den Trigrammen und Phasen und ihre Verbindung zu den Taijiquan-Stellungen 143
Erläuterung unseres Schulsymbols 144

Geschichte und Philosophie

Kurzer Überblick über die Geschichte des Taijiquan

2700 v. Chr.	Die Tradition um den **Gelben Kaiser** (Huangdi, 2697 - 2597 v. Chr.) mit medizinischen Aspekten von Bewegung (belegt durch Stellungsabbildungen auf Seidenfragmenten von der Seidenstraße und aus den Mawangdui-Gräbern, ca. 200 v. Chr.)
6. Jh. v. Chr	Die Tradition um die daoistischen Philosophen **Laozi** (ca. 6. Jh. v. Chr.) und **Zhuangzi** (ca. 4./3. Jh. v. Chr.) mit meditativen Aspekten von Ruhe (beschrieben in ihren Werken Daodejing (Klassiker von Weg und Wirkkraft) und Nanhua zhenjing (Das wahre Buch vom Südlichen Blütenland).
3. - 9. Jh.	Verschiedene Traditionen mit einzelnen Stellungen und isolierten Figuren, bekannt als Taijigong. Wichtige Vertreter: Cheng Lingxi (um 518 n. Chr.), Yu Huanzi (um 580 n. Chr.), Li Daozi (um 837 n. Chr.) Hu Jingzi (um 880 n. Chr.)
6. Jh.	Im 6. Jh. entwickelte sich die Bezeichnung „Innere Schule vom Wudang-Berg" (Wudang neijia, basierend auf Qi-Arbeit) als Reaktion auf die „Äußere Schule um Shaolin" (Shaolin waijia, basierend auf Muskelarbeit)

Geschichte und Philosophie

Mythologische Begründung des Taijiquan im 11./12. Jh. (Song-Dynastie) durch **Zhang Sanfeng** (1247 - 1459?) (Daoist mit starkem Bezug zum Yijing)   11./12. Jh.

Im 16. Jh. (Ming-Dynastie) durch Jiang Fa ins Chen-Dorf tradiert, dort mit Taizuquan des Begründers der Song-Dynastie oder anderen harten Kampfkünsten zu Chen-Stil weiterentwickelt   16. Jh.

Im 18. Jh. (Qing-Dynastie) begründete
Yang Luchan (1799 - 1872) den Yang-Stil,
danach Unterteilung in alten Chen-Stil (Lao Chenshi) und Yang-Stil;
Ab dem 19. Jh. weitere Entwicklungen:
Neuer Chen-Stil
Zhaobao-Stil
2 Wu-Stile
Sun-Stil (mit Bagua-Einfluss)
Li-Stil
Yue-Stil
Hao-Stil   18. Jh.   19. Jh.

Der Yang-Stil entwickelte sich als familien-interne Lehre bis Ende des 19. Jh. weiter, danach wurde er aufgrund seiner Popularität am Kaiserhof öffentlich tradiert mit vielen Anhängern, Vertretern und Schulen.   19./20. Jh.

Geschichte und Philosophie

Entwicklung der Yijian-Taijiquan - Yang-Stil-Form nach Song Zhijian
Verschmelzung von zwei Tradierungslinien

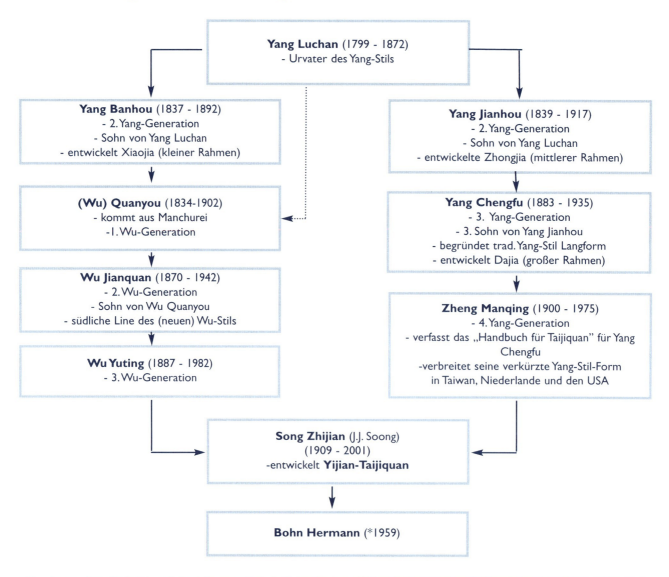

Geschichte und Philosophie

Nachruf

In den letzten Tagen des Goldenen Drachen-Jahres 4689 (Jinlongnian) nach traditioneller chinesischer Zeitrechnung - Anfang 2001 - ist

Meister Song Zhijian

10. Meistergrad der Chinesischen Kampfkunstvereinigung (Zhonghua Guoshu Zonghui, Shiduan) völlig unerwartet und über 90-jährig an den Folgen einer plötzlichen schweren Erkrankung in Taibei, Taiwan, Republik China verstorben.

Geschichte und Philosophie

Aus dem Kreis Yiyang in der Provinz Hunan stammend, einer Wiege der chinesischen Kampfkünste, begann der spätere Veterinär-Mediziner sein Studium der Kampfkünste im Alter von 13 Jahren bei seinem Onkel Song Yusong, von dem er den Stil Affen-Hand(fläche), Houzhang, die Waffenformen Bandeng (Holzbank) und Taiping-Stock (Taipinggun) erlernte. Mit 16 Jahren begann Meister Song bei einem alten Experten namens „der Stumme Shi" (Shi Longzi) sowohl Taijiquan als auch Wuji Shenquan zu studieren, und nach Beendigung seiner Schulzeit praktizierte er unter Meister Yi Bangzheng mehrere Schwertformen. Ab 1931 führte Meister Song seine Yang-Stil-Taijiquan-Ausbildung unter Meister Hao Shutong fort und ab 1932 trainierte er unter Meister Wu Yuting für 3 Jahre gleichzeitig auch den Wu-Stil dieses Clans. Schon in diesen Jahren entwickelte Meister Song seine Vorliebe für das Pushing Hands (Tuishou), weil er diese Teildisziplin als partnerschaftliche Vorstufe realistischer Kampfkunst auch noch für die moderne Gesellschaft des 20. Jahrhunderts als geeignet erachtete.

Trotzdem aber pflegte er für sich selbst auch weiterhin die martialischeren Aspekte der von ihm erlernten Künste, während er in den späten 30er- und frühen 40er-Jahren des letzten Jahrhunderts seine ersten Erfahrungen als Lehrer für Taijiquan sammelte, ohne aber das höchste Niveau der Kunst erreichen zu können.

Als Meister Song 1947 als Dozent für Landwirtschaft beruflich nach Taiwan versetzt worden war, hatte er zunächst auch an dieser seiner neuen Wirkungsstätte zu unterrichten begonnen, doch als er 1951 offiziell von Meister Zheng Manqing als Indoor-Student akzeptiert worden war, wurde er wieder zum Schüler und begann unter dessen Anleitung allmählich die wahren Essenzen des Taijiquan zu begreifen. In jener Zeit entwickelte sich eine enge Freundschaft zwischen ihm und seinen älteren Mitschülern T.T. Liang (Liang Dongcai) und H.H. Huang (Huang Xingxian), die bis zu ihrem Lebensende währen sollte. Während seiner Lehrzeit bei Meister Zheng Manqing trainierte Meister Song unter dessen Anleitung viele Morgen- und Abendstunden, aber auch mit Ye Xiuding, William C.C. Chen (Chen Zhicheng), Ben Lo (Luo Bangzhen), Ju Hongbing und Qi Jiangtao sowie zahlreichen weiteren Indoor-Students dieser Schule, ehe er etwa 10 Jahre später mit Zustimmung von Meister Zheng seine eigene Schule, das Chinesische Taiji-Institut, Zhonghua Taijiguan in Taibei, und die Stil-Richtung des Yijian Taijiquan gründete. Diese basiert auf der 37er-Zheng Manqing-Form, ist aber mit darin nicht mehr enthaltenen Grundfiguren des traditionellen 108er-Yang-Stils erweitert und im Bezug zum Yijing auf 64 Figuren restauriert worden, ohne jedoch die zahlreichen Wiederholungen der alten Yang-Form zu übernehmen. Durch seine zusätzlichen Expertisen in der Traditionellen Chinesischen Medizin, der westlichen

Geschichte und Philosophie

Physiologie und in den Yijing-Studien konnte Meister Song ein auf der Tradition basierendes, aber modernisiertes Gesamtkonzept für die Theorie und Praxis der Lehre erstellen, das seinem persönlichen Verständis des Taijiquan als umfassende Kampfkunst vollen Ausdruck verlieh. Entsprechend schloss er sich mit seiner über 60.000 Personen starken, organisierten Schülerschaft nicht etwa der landesweiten Taiji-Vereinigung Taiwans an, sondern gliederte sich in der Martial Arts Association Taiwan ein, wo er seine weiche Kunst gegenüber zahlreichen harten Stilen zu behaupten wusste.

Neben seinen zahlreichen praxisbezogenen Arbeitserfolgen wie z.B. den 8 Methoden natürlicher Bewegungsarten, Ziran Yundong Bafa, und Lehraufenthalten in den USA, in Frankreich, England, Deutschland, Thailand und Japan, wo es jeweils Vertretungen seiner Schule gibt, war Meister Song immer auch publizistisch tätig, sodass über 30 Aufsätze und zwei umfassende Bücher (z.T. auch in Englisch, Französisch und Deutsch erschienen) zum Thema entstanden sind. Aus seinen ursprünglich 1975 gegründeten Taiji-Nachrichten (Taiji Huixun) entwickelte er 1994 das umfassendere Taiji-Magazin (Taiji Xuebao). Meister Song verfasste aber auch zahlreiche medizinische und philosophische Werke in chinesischer Sprache, wie etwa 2 Kompendien zur chinesischen Akupunktur und 4 Bücher zur Graphischen Erklärung des Taiji (Taiji Tushuo), zur Durchdringung des Späteren Himmels durch die 8 Trigramme des Früheren Himmels (Xiantian Bagua tong Houtian) und zur Yijing-Lehre (Yiingxue), die noch auf ihre Übersetzung in westliche Sprachen warten. Für sein Gesamtwerk in traditionellen chinesischen Künsten und Lehren wurde ihm bereits 1996 der 10. und höchste Meistergrad der Chinesischen Kampfkunst Vereinigung Taiwan verliehen, während er vorher schon einige Jahre einer der wenigen Meister neunten Grades in Taiwan gewesen ist.

Darüber hinaus war Meister Song als Direktor der Taijiquan-Abteilung innerhalb der Kampfkunst-Vereinigung Taiwans, als Vorstandsmitglied der Martial Arts Association Taiwan, als Vorsitzender der Gesellschaft für chinesische Naturheilkunde, als Lehrer für Akupunktur am Militär-Hospital, Tabei und für Taijiquan am National Defense Institute sowie an der Chinese Culture University, beide Taibei, tätig. Mit Meister Song Zhijian ist der Lehre des klassischen Taijiquan und seiner zahlreichen Nebenbereiche ein weiterer hervorragender Vertreter einer letzten Meistergeneration verloren gegangen, die bisher scheinbar ohne rechte Nachfolgerschaft auf gleichem Niveau geblieben ist. Mit großem Bedauern und tiefer Trauer haben daher seine Schülerschaften in Taiwan und im Ausland von Meister Song Zhijian Abschied genommen bzw. von seinem Ableben Kenntnis erhalten.

Für Deutschland, aus Südtaiwan, Winter 2001
Indoorstudent Bai Yiming (Hermann Bohn)

Geschichte und Philosophie

Klassische Schriften

1. Klassiker (Zhang Sanfeng zugeschrieben)
    1. Teil: Qi - Hüfte - Leere und Gewichtung
    2. Teil: Prinzipien des Taijiquan - fließende Bewegungen

2. Kommentar (Wang Zongyue zugeschrieben)
    Bewegung und Ruhe
    Kontrolle des Schwerkraftzentrums
    Anwendung roher Kraft
    Vermeidung von Doppelgewichtung

3. Mentale Erklärungen zu den 13 Stellungen
    Absenken des Qi
    Ausstoßen der Jin-Kraft mit entspanntem, abgesenktem Körper
    Kommt das Qi in Körperbereichen an, so folgt der Körper nach
    Faustkampf ist eine Übung des gesamten Körpers
    Bewegung, Leichtigkeit - nach innen konzentriertes Qi

4. Geheimlied der 13 Stellungen zu Form und Funktion
    Hüfte ist der Schlüssel zu aktiven Bewegungen
    Sinn und Anwendung jeder Stellung studieren
    Mündliche Unterweisung und Leitung durch einen Lehrer

5. Geheimlied vom Händeschieben
    Verbundenheit von Form und Funktion
    „Hat der Akupunkturpunkt Yongjian (auf der Fußsohle) keine Wurzeln, so hat die Taille keine Kontrolle"   Zheng Manqing (Anfügung)

Geschichte und Philosophie

„Klassiker" des Taijiquan
Zhang Sanfeng zugeschrieben

Sobald man (einen Körperteil) anhebt und bewegt, soll der gesamte Körper leicht und flexibel sein. Alle (Bewegungen) verlangen Verbundenheit und Aneinanderreihung. Das Qi soll stimulieren, der Geist soll im Innern gesammelt werden. Es soll keine (einseitig) abgesenkten Stellen, keine vortretenden oder eingedrückten Bereiche und keine Unterbrechung (in der Bewegung) geben. Deren Wurzeln liegen in den Füßen, und (sie) entsteht in den Beinen. Die Führung liegt in den Hüften, die Form (der Bewegung) zeigt sich in den Armen und Fingern. (Also, von) den Füßen über die Beine zu den Hüften soll (die Bewegung) immer in einem Atemzug (mit verbundenem Qi) vollendet werden. (Bewegt man sich so) nach vorn und hinten, dann erreicht man (günstige) Situationen und (vorteilhafte) Positionen.

Gibt es Bereiche (Phasen) ohne Vorteile, dann ist der Körper aufgelöst und in Unordnung. Der Fehler ist in den Hüften und Beinen zu suchen. Oben und unten, vorn und hinten, links und rechts, alle (Positionen) verhalten sich so. Alle (korrekten Bewegungen) kommen aus der Vorstellungskraft und liegen nicht im Äußeren. Gibt es ein Oben, dann (auch) ein Unten; gibt es ein Vorn, dann (auch) ein Hinten; gibt es ein Links, dann (auch) ein Rechts. Wenn die Vorstellungskraft nach oben will, dann führt man sie (zuerst) nach unten; wie man ein Objekt, das angehoben werden (soll, zuerst) verstärkt nach unten drückt, wodurch dessen Wurzeln gebrochen werden. Dann (kann) man es schnell hochstoßen und (es sollte) kein Zaudern (geben). Leere und Gewichtung sollten klar unterschieden werden. Ein Bereich ist in sich wieder unterteilt in Bereiche von Leere und Gewichtung. Jeder Bereich ist daher (in) Leere und Gewichtung (aufzuteilen). Der gesamte Körper, Glied für Glied, ist verbunden und zusammenhängend; man sollte auch für den kleinsten (Zeit)raum keine Unterbrechung (zeigen).

Geschichte und Philosophie

Taijiquan wird auch als „lange Kampfform der 13 Stellungen" bezeichnet. Was die lange Form betrifft, so ist sie wie ein langer Fluss und wie ein großes Meer, immer fließend, ohne zu enden. Was die 13 Stellungen betrifft, so (korrespondieren sie mit) den acht Trigrammen und den fünf Wandlungsphasen: Abwehren (Peng), Zurückgleiten (Lü), Stoßen (An), Nach-unten-Ziehen (Cai), schnell Reagieren (Lie), mit der Schulter stoßen (Kao) Pressen (Ji) und mit dem Ellbogen stoßen (Zhou) entsprechen den acht Trigrammen. Vordringen (Jin), Zurückschreiten (Tui), Nach-links-Sehen (Zuo gu), Nach-rechts-Blicken (You pen) und zentralisiert Stehen (Zhong ding) (stehen für) die fünf Wandlungsphasen. Abwehren, Zurückgleiten, mit dem Ellbogen stoßen und Stoßen korrespondieren mit Qian, Kun, Li und Kan, den vier Hauptrichtungen. Nach-unten-Ziehen, schnelles Reagieren (Schlagen), Pressen und mit der Schulter stoßen (vertreten) Gen, Dui, Zhen und Xun (sind die vier ergänzenden Positionen). Vor, zurück, links, rechts und zentral (folgen) Wasser, Feuer, Metall, Holz und Erde. Zusammen bilden sie die 13 Stellungen.

Danach folgt eine Anmerkung unbekannter Herkunft:
>„Dies ist die hinterlassene Lehre des Meisters Zhang Sanfeng vom Wudang-Berg; er wünscht, dass die Eingeweihten (des Faustkampfes) nicht dabei (stehenbleiben), die Kampftechniken nur (in der Auseinandersetzung) anzuwenden."

Yijing-Philosophie im Taijiquan

> „Das Yijing birgt das Taiji,
> dieses erzeugt die beiden Instrumente,
> diese bewirken die vier Erscheinungen,
> diese führen zu den acht Trigrammen."

Schon im „Klassiker" und „Kommentar" der Faustkampfkunst Taijiquan sind alle Prinzipien des körperlichen Einsatzes umfassend dargestellt. Kein Zeichen dieser beiden klassischen Schriften geht dabei über die Yijing-Theorie des Taijiquan hinaus.

Grundlagen, Zusammenhänge mit dem Taijiquan und die Korrespondenz, hier an den acht Handtechniken und fünf Schrittarten kurz erläutert, ziehen sich durch die gesamte Form- und Praxisarbeit des Taijiquan.

Ausführliche Erläuterungen sind im ersten Band von Meister Song im Kapitel „Yijing und Taiji-Faustkampf" dargelegt.

> "Alle Dinge haben Anfang und Ende,
> alle Angelegenheiten einen Beginn und einen Schluss.
> Weiß man von Anfang und Ende, von Ersterem und Späterem,
> so nähert man sich dem Weg (Dao)".
>
> *Konfuzius*

Geschichte und Philosophie

Grundwissen

- Yijing, Zhouyi oder Buch der Wandlungen
- System von 8 Tri- und 64 Hexagrammen
- weitverbreitetes Handbuch für Wahrsager
- Sammlung von natürlichen Phänomenen, häufigen Omen, historischen Anekdoten und alten Vorhersagungen

- Fu Xi begründete die Anordnung des „früheren Himmels" (Xiantian) nach der „Karte des Gelben Flusses" (Hetu), 10 Grundzahlen
- Wen Wang den „späteren Himmel" nach der „Schrift vom Fluss Luo" (Luoshu), 9 Grundzahlen

Taiji-Graphik des Früheren Himmel nach Fu Xi *
(nach innen)
*Philosoph ca. 2852 v. Chr.

Verbindung zwischen Yijing und Taijiquan

- Zhang Sanfeng verknüpfte das Taiji gong mit den Theorien des Zhouyi und führte den Namen Taijiquan ein.

- Die Ausführung der Taiji-Form bezieht sich zum einen meditativ nach innen, nach „früherem Himmel" ausgeführt, zum anderen in der Anwendung nach außen, nach dem „späteren Himmel" orientiert.

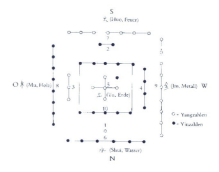

Karte des (Gelben) Flusses, Hetu

Geschichte und Philosophie

Taiji-Graphik des
Späteren Himmel nach Wen Wang *
(nach außen)
*mythologisch,
Gründer der Zhou-Dynastie ca. 1150 v. Chr.

Aufgliederung der Faustkampffiguren

- Ausgehend von QIAN (Einfachheit) und KUN (Veränderlichkeit) entstehen weitere Korrespondenzen:

365	Tage des Jahres	=	365	Einzelaktionen
64	Hexagramme	=	64	Faustkampffiguren
55	Addition Fluss-Karte	=	55	Figuren-Bezeichnungen
45	Addition Luo-Schrift	=	45	Grundfiguren
8	Trigramme	=	8	Handtechniken
6	Abschnitte	=	6	Linien eines Hexagramms
5	Wandlungsphasen	=	5	Schrittarten

- Der dynamische Änderungsprozess findet sich in den körperlichen Veränderungen beim Anwenden des Taijiquan wieder.

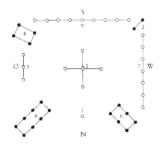

Schrift vom (Fluss) Luo, Luoshu

Veränderung grundlegender Bewegungen

- Handtechniken und Schrittarten repräsentieren die Trigramme und die Wandlungsphasen.
- Gewichtung und Leere, Bewegung und Ruhe in den Schrittarten und Handtechniken, sowie die fünf Methoden zum Tasten nach Gefühl sind durch die Bedingungs- und Überwindungskreisläufe der fünf Wandlungsphasen bestimmt.

Geschichte und Philosophie

Dreizehn Stellungen des Taijiquan

Acht Handtechniken des Taijiquan (acht Trigramme)

- Abwehren
- Zurückgleiten
- Stoßen
- Mit dem Ellbogen stoßen
- Nach-unten-Ziehen
- Schnelles Reagieren
- Mit der Schulter stoßen
- Pressen

Fünf Schrittarten des Taijiquan (fünf Wandlungsphasen)

- Vordringen
- Zurückschreiten
- Zentriertes Stehen
- Nach-links-Wenden
- Nach-rechts-Drehen

Acht Trigramme

QIAN
Himmel (Weltall)

KUN
Erde

KAN
Wasser

LI
Feuer

ZHEN
Donner

XUN
Wind

DUI
See

GEN
Berg

Wandlungsphasen

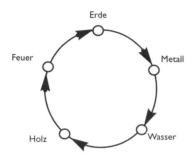

Kreislauf der
Erzeugung, Bedingung und
des Hervorbringens

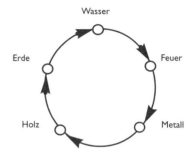

Kreislauf der
Überwindung, Eroberung und
des Eindringens

Die Korrespondenz zwischen Trigrammen und Phasen und ihre Verbindung zu den Taijiquan-Stellungen

Phase	Handtechnik	Trigramm	Schrittart	Tasten nach Gefühl	Richtung
Metall	Abwehren Schnelles Reagieren	Qian Dui	Nach-links-Wenden	Kontakt herstellen	NW W
Holz	Pressen Schulterstoß	Zhen Xun	Nach-rechts-Drehen	Zentrum des Gegners finden	O SO
Erde	Nach-unten-Ziehen Zurückgleiten	Gen Kun	Zentralposition	Kontakt ohne Widerstand	Zentrum NO SW
Wasser	Stoßen	Kan	Vordringen	Kontakt vertiefen	N
Feuer	Ellbogenstoß	Li	Zurückschreiten	Zentrum des Gegners kontrollieren	S

Geschichte und Philosophie

Taiji-Zeichen werden manchmal aus verschiedenen Graphiken zusammengesetzt. Ein Beispiel dafür ist unser Schulzeichen.

Erläuterungen:
Innen: „Altes Taiji"
Mitte: 8 Trigramme nach dem „früheren Himmel"
Außen: 5 Phasen nach dem „Kreislauf der Erzeugung"

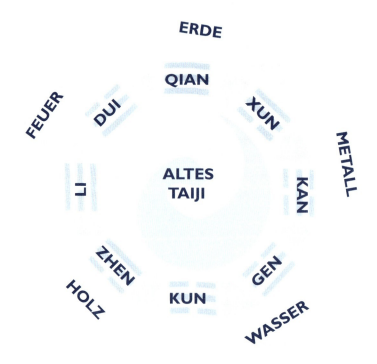

Annex

Häufig gestellte Fragen 146
Stufen der praktischen Lehre 153
Symbole und Erklärungen 154
Akupunkturpunkte und Körperzentren 155
Literatur 156
Atemmuster zur Form 157
Quellennachweis 158
Autor 159

Inhaltsverzeichnis (ausführlich) 161

Häufig gestellte Fragen

> Übe Taiji so, dass Dir die Freude daran erhalten bleibt.
> Nimm die Zeit, die Du übst, als etwas, das Du Dir selbst schenkst,
> als Oase der Ruhe in einem sonst hektischen Tag.

? Vorbereitungen

Bevor man mit den Übungen beginnt, sollte man einige Hinweise beachten:

Die vorangegangene Tätigkeit in Ruhe abschließen, bevor man mit dem Üben beginnt, um die Gedanken nicht immer wieder darauf zurückzubringen.

Nicht nach großen Mahlzeiten, aber auch nicht hungrig üben.

Günstig ist eine Thermoskanne mit warmem Wasser, um zwischen den Übungen den Mundraum mit Wasser zu benetzen.

Vor Übungsbeginn der Gang zur Toilette.

? Kleidung

Lockere, bequeme Kleidung wie Jogginganzüge oder weitgeschnittene Hosen, Hemden und Blusen sind zu empfehlen. Es müssen keine besonderen Kleidungsstücke angeschafft werden.

An den Füßen trägt man Gymnastikschuhe, leichte Schuhe mit einem flachen Fußbett ohne Absätze, Socken oder man übt barfuß.

❓ Übungsort

Es eignen sich alle Räume und Plätze, in denen Sie sich wohl fühlen. Es sollte eine Fläche von drei mal zwei Metern frei sein. Wenn es die Jahreszeit zulässt, können Sie das Fenster öffnen.

Besser noch ist es, im Freien zu üben. Es bieten sich der Garten oder Grünflächen in der Nähe an. Bei Wind, Regen und Kälte sollte man nicht draußen üben; ebenso bei großer Hitze. Kühle Morgenstunden oder schattige Abendstunden eignen sich am besten.

❓ Übungszeit

Planen Sie eine feste Zeit zum Üben in Ihren Tagesablauf ein. Am besten eignet sich der Morgen oder der Abend. Am Morgen kann man vor der Übung mit einer Tasse Tee (oder lauwarmem Wasser) starten (vermeidet aufkommendes Hungergefühl) und so den Tag mit Energie beginnen; am Abend nach getaner Arbeit dient das Üben zum Abschalten und Wiederaufladen. Probieren Sie aus, womit Sie sich am wohlsten fühlen.

> Ein Chinese wird nach hundert Übungseinheiten hintereinander sagen,
> ich habe die Übung gemacht.
>
> Aber erst nach Jahren wird er sagen,
> ich habe die Übung verstanden.

Annex

? Übungsdauer

Die Übungsdauer sollte anfangs zwanzig Minuten betragen; wenn man mehr Lust verspürt, wird sich die Zeit automatisch verlängern.

Mit einem Übungsprogramm aus Dehnen, Atmen, Innere Übungen, Schritte und Form (1. Abschnitt) verbunden mit einer Einstiegs- (z.B. Geistreinigung) und Schlussübung (z.B. Drei-Potenzen-Qigong) hat man schon eine Stunde Programm, ohne in die Vertiefung und Wiederholung gegangen zu sein.

Wesentlich ist weniger die Dauer, sondern vielmehr die Regelmäßigkeit des Übens. Am besten planen Sie es täglich in den Tagesablauf ein. Sie sollten sich aber auch nicht unter Druck setzen (lassen) und auch manchmal ein bewusstes Aussetzen („die Seele baumeln lassen") zulassen.

? Übungseinstellung

Taijiquan spielen -
das heißt, die Übung mit Freude machen. Zwanghafter Ehrgeiz ist hier fehl am Platz. Schaffen Sie es einmal nicht, Ihre vorgenommene Übungssequenz auszuführen, so geht davon die Welt auch nicht unter. Man muss viel Geduld mit sich und den fremdartigen Bewegungen haben; mit kleinen Schritten wird man das Ziel erreichen.

Ganz langsames Annähern ohne Leistungsdruck -
jeder hat sein eigenes Entwicklungstempo. Man sollte keinen sportlichen Vergleich zwischen den Teilnehmern suchen. Jeder übt für sich selbst.

Das Bewusstsein entwickeln,
dass häusliche Übung nötig ist. Dies wird sich vermehrt einstellen, wenn man allmählich die Vorteile schätzen lernt.

Keine Kopfarbeit -
der westliche Mensch macht seine Übungen gerne mit dem Kopf. Danach erst wird er in der Regel zur Bewegung kommen. Taiji ist Körperarbeit, und der Weg ist hier andersherum. Erst durch ausführliches körperliches Üben und Sich-Einlassen auf die Bewegungen wird man erfahren, wie es funktioniert.

Grenzen wahrnehmen,
respektieren, aber auch daran arbeiten.

Bewusst sein und wahrnehmen
„Wir können mit gesundem Bewusstsein und klarem Verstand unser Leben erfahren." *Chungliang Al Huang*

> Müsste ein Tausendfüßler
> die Bewegungen
> seiner unzähligen Beine
> mit dem Verstand kontrollieren,
> das arme Tier
> könnte keinen Schritt mehr tun.

Annex

❓ Übungsbeginn Norden

Vor Übungsbeginn ist die Nordausrichtung festzulegen. „Der große und der kleine Wagen (Bär) und eine schwarze Leere dazwischen sind im Norden, der Übende sollte ihnen zugewandt sein."

Die Definition der Nordrichtung ist für die Orientierung in der Form nach den Himmelsrichtungen wichtig. Sie sollte, muss aber nicht unbedingt mit dem geographischen Norden übereinstimmen. Eine Orientierung nach Norden hin findet sich in verschiedenen Bereichen wieder, z.B. im Yijing oder der Polarstern (Fixpunkt).

Es bietet sich im Freien ein einzelner Baum oder ein markanter Punkt an, in geschlossenen Räumen ein Fenster.

❓ Taiji oder Tai Chi

Zunehmend löst „Taiji" als aktuelle Schreibweise (Pinyin-Umschrift) das uns vertrautere „Tai Chi" ab. Nehmen Sie es gelassen, auch „Peking" ist bei uns mittlerweile durch „Beijing" ersetzt worden.

Taiji bedeutet wörtlich „der große Dachbalken"; bildhaft „das Höchste, Letzte"

Quan bedeutet „leere Hand, Faust" und steht für Faustkampf ohne Waffen

Mit Taiji wird auch das Yin/Yang-Zeichen bezeichnet.

Form nach Song Zhijian

Natürlich gibt es verschiedenste Formen des Taijiquan. Einmal die Stile Yang, Wu, Chen, Sun, Li etc.; darin wieder die verschiedenen Formen Zheng Manqing, Peking, lange und kurze Ausführungen und und und ...
... und alle beanspruchen, „authentisch" und „vom Ursprungsort" zu sein.

An der Song'schen Form hat mich fasziniert:
- eine schriftliche Abfassung (nachzulesen und detailliert definiert)
- eine genaue mechanische Beschreibung der Figuren
- figurbezogene Anwendungsbeispiele
- Die Einbeziehung und Erläuterungen des gesamten Yijing
  (64 Figuren, 365 Einzelbewegungen etc.)

Die Form besteht aus sechs Abschnitten.
Die Gesamtdauer der Ausführung beträgt ca. 13 - 19 Minuten. Die Unterschiede beruhen auf verschiedenen Geschwindigkeiten oder bei der Ausführung mit Atmung auf der Dauer des individuellen Atemzyklusses. Jedes Tempo hat seine eigenen Aspekte. Bei einer langsamen Ausführung sollten Sie auf jeden Fall darauf achten, jeden Stillstand zu vermeiden.

Annex

? Wie geht es weiter ?

Immer wieder Vertiefen und Verbessern des bisher Erlernten
Hauptaspekt - Form komplett erlernen (Abschnitte 2-6)
Nach meiner Erfahrung sollte man eine Form komplett lernen und verinnerlichen, bevor man andere Formen und Stile in Angriff nimmt.
Siehe auch „Ausbildungsstufen" (nächste Seite)

Es bieten sich an parallel zur Formarbeit:
- Innere Übungen und Qigong nach Song, Chen o.a.
- Pushing Hands
- Sanshou
- Wurzelübungen
- Daoyin (am Boden oder im Stehen)
- Dalü - Großes Ziehen

Es bieten sich an nach Abschluss der Formarbeit:
Waffenformen (mit Aufwärmübungen und Partnerformen)
- Taijijian   Schwert
- Taijidao   Säbel
- Taijigun   Stock
- Taijishan   Fächer

oder weitere Waffenformen

Spiel der fünf Tiere
oder andere Formen und Stile

> *„Ein fortwährendes Lernen, jeder auf seinem eigenen Weg, und es tun sich immer weitere neue Türen auf."*

Ausbildungsstufen

Stufen der praktischen Lehre (ohne Lehrambitionen!)

Grundstufe: Dehnübungen
Atemtechniken
Schrittvarianten
64er-Soloform zum Fit-Werden
(Wahrnehmung der eigenen Person in Raum und Zeit)

Mittelstufe: Form mit Atmung
zusätzlich stilles u. bewegtes Qigong
Pushing Hands und Großes Ziehen
erste Anwendungen
Waffenformen und eine Partnerform
(Wahrnehmung eines Partners in Bewegung)

Oberstufe: perfektionierte Form
zusätzlich Kampfkunst-Qigong
Anwendung im Freikampf
alle Waffen-Partnerformen und Anwendungen
weitere Stile der Inneren Schule
1. Hilfe-Maßnahmen nach TCM oder westlicher Medizin
(Auseinandersetzung mit Gegnern in der Selbstverteidigung)

Die Einteilung der Ausbildungsstufen dient mehr als Selbsteinschätzung und Gradmesser. Da ein jeder einen eigenen Weg (Dao) geht und sucht, wird man manche Ausbildungsinhalte (noch) nicht geübt (verinnerlicht) haben; in anderen Bereichen ist man dagegen auf Grund der Interessenlage schon weiter.

Annex

Symbole und Erklärungen
Erläuterung der Schrittsymbole wie sie in Übungen und Form verwendet werden:

belasteter Fuß
(100 %)

unbelasteter Fuß
(0 %)

aufgesetzter Vorderfuß
(annähernd 0 %, trägt nur das Eigengewicht der Fußpitze)

aufgesetzte Ferse
(annähernd 0 %, trägt nur das Eigengewicht der Ferse)

Drehung über Vorderfuß
(annähernd 0 %, trägt nur das Eigengewicht der Fußspitze), Drehrichtung wie Pfeil

Drehung über Ferse
(annähernd 0 %, trägt nur das Eigengewicht der Ferse), Drehrichtung wie Pfeil

Schulterbreite
wird definiert als der Bereich zwischen den Schultern ohne die eigentlichen Schultergelenke.

Schrittlänge
wird definiert mit einem Abstand von einem Fuß ohne Zehen vom hinteren zum vorderen Fuß.

Nordausrichtung
Erläuterungen siehe Seite 150.

Beckenstellung
mit Mittelpunkt als Kennzeichnung für die Gewichtung; Becken, Brust und Kopf sind in der Regel immer gleich ausgerichtet.

Orientierungslinien
zur Darstellung von Schulterbreite und Schrittlängen.

Versetzungspfeil
bei Versetzung des Schrittmusters in ein verschobenes Diagrammfeld oder zur Orientierung für Fußbewegungen.

Annex

Akupunkturpunkte und Körperzentren

Leitbahnensystem und Akupunkturpunkte aus der traditionellen chinesischen Medizin (TCM) stehen in enger Beziehung zum Taijiquan. Deshalb werden hier die wichtigsten Termini vorgestellt, da es üblich ist, diese Punkte von Anfang an in Übungen zu verwenden.

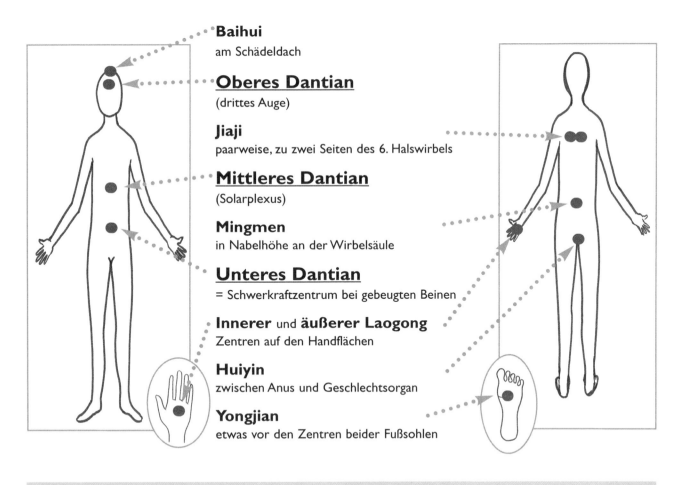

Baihui
am Schädeldach

Oberes Dantian
(drittes Auge)

Jiaji
paarweise, zu zwei Seiten des 6. Halswirbels

Mittleres Dantian
(Solarplexus)

Mingmen
in Nabelhöhe an der Wirbelsäule

Unteres Dantian
= Schwerkraftzentrum bei gebeugten Beinen

Innerer und **äußerer Laogong**
Zentren auf den Handflächen

Huiyin
zwischen Anus und Geschlechtsorgan

Yongjian
etwas vor den Zentren beider Fußsohlen

Annex

Literatur

Die folgenden Bücher sind eine sehr persönliche Auswahl an weiterführender Literatur:

1. Lehrbücher Yang-Stil nach Song Zhijian

Song Zhijian
Tai-Chi Ch'üan - Die Grundlagen
Geschichte und Traditionen, Philosophie des I Ging,
Physiologische Wirkungen, Mechanik
ISBN 3-492-03409-8

Tai-Chi Ch'üan - Die Formenlehre
Die 64 Figuren des Yang-Stils
ISBN 3-492-03410-1

Übungen für Fortgeschrittene
Selbstverteidigung, Qi Gong, Heilverfahren für
innere und äußere Verletzungen
ISBN 3-492-03692-9

2. Fachliteratur Taijiquan

Bödicker, Freya und Martin
Philosophisches Lesebuch zum Tai Chi Chuan I + II
ISBN 3-9810407-0-8 / ISBN 3-9810407-3-1

Bödicker, Martin / Sievers, Armin
China im Wandel
Die Zeit der großen Tai Chi-Meister 1897-1937
ISBN 3-932330-11-0

Landmann, Rainer
Taijiquan
Konzepte und Prinzipien einer Bewegungskunst
Analyse anhand der frühen Schriften
ISBN 3-936212-02-3

3. Lesefutter

Herrigel, Eugen
Zen - in der Kunst des Bogenschießens
ISBN 3-502-64280-X

Lowenthal, Wolfe
Es gibt keine Geheimnisse
Professor Cheng Man-ch'ing und sein Taijiquan
ISBN 3-928288-05-9

Lowenthal, Wolfe
An der Pforte zum Wunderbaren
Weitere Betrachtungen zu Cheng Man-ch'ings Taijiquan
ISBN 3-928288-31-8

Wetering, Janwillem van de
Der leere Spiegel
Erfahrungen in einem japanischen Zen-Kloster
ISBN 3-499-14708-4

Thich Nhat Hanh
Das Wunder der Achtsamkeit
Einführung in die Meditation
ISBN 3-89620-087-9

4. Zeitschriften

Taiji und Qigong-Journal Zeitschriften
Cultura Martialis

Annex

Atemmuster zur Form

Die bewusste Atmung zur Form sollte erst nach komplett erlernter Soloform vermittelt werden und nur im austrainierten Stadium angegangen werden.

Erster Abschnitt mit dreizehn Figuren + Abschluss

1.	Vorbereitung	(4)	○○■■
2.	Eröffnung des Taijiquan	(6)	○○■■○■
3.	Vogel beim Schwanz fassen		
	a) Abwehr links	(6)	○○■■○■
	b) Abwehr rechts	(5)	○■■○■
	c) Zurückgleiten links	(2)	○■
	d) Pressen rechts	(3)	○■○
	e) Beidarmiges Stoßen	(5)	■■○■○
4.	Einarmige Peitsche	(5)	■○○○■
5.	Hände heben	(3)	○■○
6.	Rechter Schulterstoß	(3)	■■○
7.	Weißer Kranich spreizt Flügel	(2)	■○
8.	Knie streifen und im Schritt drehen, links	(5)	■○■○+
9.	Hände spielen Pipa	(3)	+○■○
10.	Knie streifen und im Schritt drehen, links	(5)	■○■○■
11.	Vordringen, abwehren und mit Faust stoßen	(8)	○■○○■■○■
12.	Sich wie ein Siegel abschließen	(4)	○■○○
13.	Hände kreuzen	(4)	■○■○
64.	Abschluss des Taijiquan	(3)	■○■

(5) =	Anzahl der Zähleinheiten
○ =	Einatmen
■ =	Ausatmen
+ =	Verbundenes Atmen zur nächsten Figur

Annex

Quellennachweis
Song-Lehrbücher Band I - III (siehe Literaturliste)
Unterrichte bei Christian Bergmann
Aus- und Fortbildungen bei Dr. Hermann Bohn
Handschriftliche Manuskripte
Bildnachweis:
Eigenherstellung, Genehmigungen durch Dr. Hermann Bohn,
Grafiken erstellt durch Michaela Ortenburger-Hartl
Darstellung 3-Potenzen-Qigong nach einem Arbeitsblatt von Anke Wittmann, Regensburg

Danke
Zuerst möchte ich allen meinen Schülerinnen und Schülern
sowie meinen Lehrern für die Inspiration und die Motivation,
meiner Familie für ihr Verständnis und ihre Unterstützung danken.

> Ein besonderer Dank geht an meinen Lehrer Hermann Bohn.
> Für die Erlaubnis, aus seinen Büchern zitieren und auf Bildmaterial
> zugreifen zu können, für das Zurverfügungstellen von Materialien,
> Originalmanuskripten und für das korrigierende Begleiten des
> Schaffensprozesses aus der Ferne.

Impressum © 2007 Verlag Schwaninger
1. Auflage 2007
Druck: Druckhaus Kastner, Wolnzach
Lektorat: Birgit Reit, Übersee
ISBN: 978-39810653-0-5
www.schwaninger-verlag.de

Alle Rechte vorbehalten / All rights reserved.
Jegliche Form der Digitalisierung und /oder fotomechanischen Vervielfältigung ist grundsätzlich untersagt.
Nachdruck, auch in Teilen, bedarf der schriftlichen Genehmigung des Verlages oder der Rechteinhaber.

Autor

Thomas Eugen Schneider
Taijiquan-Formenlehrer (MAAT Martial Arts Association Taiwan)
Taijiquan-Lehrer „Innere Arbeit" (MAAT Martial Arts Association Taiwan)
Mitglied im „Yijian-Taijiquan-Deutschland e.V."
Offizieller Vertreter der Yijian-Taijiquan-Vereinigung Taiwan

Geboren und aufgewachsen in Bamberg
Musikalienhändler, Bibliotheksassistent und Fachwirt,
vorwiegend tätig als freier Verlagsberater
lebt heute mit seiner Familie in Bad Aibling.

Schüler von Christian Bergmann und Dr. Hermann Bohn
Taiji-Ausbildung seit 1994
Lehrtätigkeit seit 2001

Gruppen- und Einzelunterricht
Seminare
Workshops
Intensivtage

Kontakt:
Thomas Eugen Schneider
Dekan-Albrecht-Str. 23a, 83043 Bad Aibling
www.taijiquan-bad-aibling.de
email: info@taijiquan-bad-aibling.de

Vom Verkaufspreis geht als Spende pro Buch 1 Euro an den Verein Yijian-Taijiquan Deutschland e.V.
Kontakt: Dr. med. Josef Niederauer
Kapellenstraße 1 / Edenland - D-84107 Weihmichl
taijiquan@t-online.de - www.yijian-taijiquan.de

Annex

Inhaltsverzeichnis

Inhaltsverzeichnis

Dehnübungen - Shujin shi'ershi
1. Vorwärtsbeugen 11
2. Zurückbeugen 12
3. Seitliches Beugen 13
4. Seitliches Drehen und Zurückbeugen 14
5. Seitliches Diagonalbeugen mit Absetzen 15
6. Lockern der Hand- und Sprunggelenke 16
7. Kreisen des Beckenbereiches 17
8. Kreisen des Oberkörpers 18
9. Zehenstoß 19
10. Fersenstoß 20
11. Hüftstoß 21
12. Dehnen der Oberschenkelmuskulatur 22
13. Kniend nach hinten beugen 23
14. Seitliches und gerades Dehnen an Sprossenwand 24
15. Einbeiniges Kniebeugen 25

Atemübungen - Qimeng wushi
    Vorbereitung 29
1. Nierenstabilisierung und Hüftkräftigung 30
2. Sehnendehnung und Knielockerung 31
3. Urgeist zur Erhaltung der Gesundheit 32
4. Gesammeltes Qi auf den Rücken kleben 33
5. Knochen- und Markfestigung 36
    Rückkehr zur aufrechten Ausgangsposition 38

Körperhaltung - Schritte und Standübungen - Wuxing bufa

Körperhaltung 41
Zentralposition
    Beidbeinige Standübungen 42
    Einbeinige Standübungen 43
Schritte Anfänger
    Vordringen 44
    Zurückschreiten 46
    Wendetechnik 180 Grad 48
Schritte Fortgeschrittene
    Vordringen 50
    Zurückschreiten 52
    Nach-links-Wenden 54
    Nach-rechts-Drehen 56
    Wendeschritt 180 Grad 58

Song Zhijian, Soloform - Erster Abschnitt mit dreizehn Figuren - Quanjia

1. Vorbereitung - Yubei shi 65
2. Eröffnung des Taijiquan - Taiji qishi 66
3. Vogel beim Schwanz fassen - Lan quewei (1)
    a) Abwehr links - Zuo peng 68
    b) Abwehr rechts - You peng 70
    c) Zurückgleiten links - Zuo lü 72
    d) Pressen rechts - You ji 73
    e) Beidarmiges Stoßen - Shuang an 74
4. Einarmige Peitsche - Danbian (1) 76
5. Hände heben - Ti shou (1) 78

Fortsetzung nächste Seite

Inhaltsverzeichnis

6. Rechter Schulterstoß - You kao (1) 80
7. Weißer Kranich spreizt Flügel - Bai he liang chi (1) 81
8. Knie streifen und im Schritt drehen, links - Lou xi ao bu, zuo shi (1) 82
9. Hände spielen Pipa - Shou hui pipa 84
10. Knie streifen und im Schritt drehen, links - Lou xi ao bu, zuo shi (2) 86
11. Vordringen, abwehren und mit Faust stoßen - Ban lan chui (1) 88
12. Sich wie ein Siegel abschließen - Ru feng si bi (1) 90
13. Hände kreuzen - Shizi shou (1) 92
64. Abschluss des Taijiquan - Taiji shoushi 94

Innere Übungen - Neigong

Daoistische Selbstmassage .... Tibiao huodonggong 99
Grundübungen zur Qi-Bewegung .... Yunqifa 102
Drei-Dantian-Meditation .... Jingzuo 103
Drei-Potenzen Qi-Gong .... Sancai Qigong 104
Geistreinigung .... Jing xinfa 112

Grundlegende Handtechniken, Yang-Stil-Regeln, Effekte des Taijiquan
Weitere vom Taijiquan umfasste Bereiche

Handtechniken
    Handhaltungen 114
    Natürliche Bewegungsarten 116
Fünf Methoden zum Tasten nach Gefühl 118
Acht Handtechniken des Taijiquan 120
Yang-Stil-Regeln nach Yang Chengfu 122
Effekte des Taijiquan 126
Weitere vom Taijiquan umfasste Bereiche 128

Geschichte und Philosophie des Taijiquan
Kurzer Überblick über die Geschichte des Taijiquan 130
Entwicklung der Yijian-Taijiquan - Yang-Stil-Form nach Song Zhijian 132
Nachruf Song Zhijian (Hermann Bohn) 133
Klassische Schriften 136
„Klassiker" des Taijiquan 137
Yijing-Philosophie im Taijiquan 139
Dreizehn Stellungen des Taijiquan
    Acht Handtechniken 142
    Fünf Schrittarten 142
    Acht Trigramme 142
    Wandlungsphasen 143
    Die Korrespondenz zwischen den Trigrammen und Phasen 143
Erläuterung unseres Schulsymbols 144

Annex
Häufig gestellte Fragen 146
Stufen der praktischen Lehre 153
Symbole und Erklärungen 154
Akupunkturpunkte und Körperzentren 155
Literatur 156
Atemmuster zur Form 157
Quellennachweis 158
Autor 129

Inhaltsverzeichnis (ausführlich) 161